Marcelle Buchlin-Schwendemann

Matière à Réfléchir

Marcelle Buchlin-Schwendemann

Matière à Réfléchir

Tout ce qui se touche et à corps et forme. Renvoyer
en arrière, en retour, par un choc (Littré)

Éditions Vie

Impressum / Mentions légales
Bibliografische Information der Deutschen Nationalbibliothek: Die Deutsche Nationalbibliothek verzeichnet diese Publikation in der Deutschen Nationalbibliografie; detaillierte bibliografische Daten sind im Internet über http://dnb.d-nb.de abrufbar.
Alle in diesem Buch genannten Marken und Produktnamen unterliegen warenzeichen-, marken- oder patentrechtlichem Schutz bzw. sind Warenzeichen oder eingetragene Warenzeichen der jeweiligen Inhaber. Die Wiedergabe von Marken, Produktnamen, Gebrauchsnamen, Handelsnamen, Warenbezeichnungen u.s.w. in diesem Werk berechtigt auch ohne besondere Kennzeichnung nicht zu der Annahme, dass solche Namen im Sinne der Warenzeichen- und Markenschutzgesetzgebung als frei zu betrachten wären und daher von jedermann benutzt werden dürften.

Information bibliographique publiée par la Deutsche Nationalbibliothek: La Deutsche Nationalbibliothek inscrit cette publication à la Deutsche Nationalbibliografie; des données bibliographiques détaillées sont disponibles sur internet à l'adresse http://dnb.d-nb.de.
Toutes marques et noms de produits mentionnés dans ce livre demeurent sous la protection des marques, des marques déposées et des brevets, et sont des marques ou des marques déposées de leurs détenteurs respectifs. L'utilisation des marques, noms de produits, noms communs, noms commerciaux, descriptions de produits, etc, même sans qu'ils soient mentionnés de façon particulière dans ce livre ne signifie en aucune façon que ces noms peuvent être utilisés sans restriction à l'égard de la législation pour la protection des marques et des marques déposées et pourraient donc être utilisés par quiconque.

Coverbild / Photo de couverture: www.ingimage.com

Verlag / Editeur:
Éditions universitaires européennes
ist ein Imprint der / est une marque déposée de
OmniScriptum GmbH & Co. KG
Heinrich-Böcking-Str. 6-8, 66121 Saarbrücken, Deutschland / Allemagne
Email: info@editions-ue.com

Herstellung: siehe letzte Seite /
Impression: voir la dernière page
ISBN: 978-3-639-63245-3

MATIERE A REFLECHIR

Matière : Tout ce qui se touche et a corps et forme

Réfléchir : Renvoyer en arrière, en retour, par un choc. (Littré)

A tous les Anges Bienfaisants

Ce livre se veut au-delà du spectaculaire rapporté par tant d'auteurs, il n'est qu'un fil conducteur à une pensée authentique dans la recherche holistique. Si j'ai bénéficié de quelque initiation, elle ne sera valable que pour moi, à chacun de faire son chemin, la seule agence de voyage qui le propose dans son programme, c'est la Vie, magique par définition. Si vous êtres un chercheur de vérité, elle s'imposera à vous dans vos pérégrinations. Soyez vigilants dans le tri de vos informations, remettez cent fois votre pensée à la critique de cette vertu et de votre discernement. Ouvrez vos coeurs, vos bras, votre pensée à cet infini qui vous habite !

Prologue

En partant du principe que la matière réfléchit l'esprit, toute notre vie nous ne faisons que rechercher une harmonie entre ces deux substances et bien souvent cela passe par des épreuves. A. de Musset écrivait que "l'homme est un apprenti, la douleur est son maître et nul de se connaît tant qu'il n'a pas souffert" une maxime bien triste mais combien vérifiable. Et pour parcourir ce chemin on nous propose maintes et maintes thérapies, toutes aussi séduisantes les unes que les autres. Pour vous aider à voir un peu plus clair dans cette vaste palette je vous invite à faire vous-même le mélange de vos couleurs si Francis Cabrel me permet cette expression empruntée à l'une de ses chansons…

L'icône de l'Ange Gabriel est présente pour prouver que tout peut être ascenseur pour votre spiritualité, car même si je travaille avec la Lumière Christique, je ne saurais la décrire, elle appartient au 13ème degré de la L.U.G. (voir Annexe : L.U.G. et Runes) qui ne peut nous parvenir que sous une forme subjective traité d'Abraham Ibn Baud, "la Foi Sublime" : Dieu a précisément créé le possible en tant que possible, et il ne connaît avec une précision absolue que le possible subjectif, qui est objectivement nécessaire. Car ce qui arrive à l'homme n'est pas toujours entièrement voulu par Dieu.

Mais arpentons les chemins de la conscience dans les pages qui suivent… la table des matières n'est là que pour satisfaire à la forme, car tout comme dans la LUG les pistes de réflexion se trouvent interconnectées, les filtres de perception se trouvant à chaque degré.

Icône de L'ange Gabriel

* Écrite par l'auteur et reconnaissance initiatique de sa part

3

Introduction

Protocole de mise en route de la réflexion suivi de l'acte juste

SEIGNEUR DIEU, OUVRE TON ŒIL DE VIE VERS MOI, ET FAIS DESCENDRE SUR MOI TON ANGE BIENFAISANT, AFIN QU'IL M'AIDE A GUERIR... TOUS CEUX QUI LIRONT CE LIVRE...(*)

Prière sumérienne que récitaient tous les Praticiens de Santé, avant de commencer leurs thérapies. Cette fonction était réservée aux femmes...Leurs statuettes au cœur débordant nous invitent à la réflexion... et à la réminiscence.

Prière transmise par Mme Kardos-Enderlin, spécialiste de la culture sumérienne, lors du colloque « ouverture pour une médecine du XXIème siècle : la médecine de l'énergie ».

Les thérapies holistiques ont la prétention de prendre en compte l'homme dans sa totalité (physique, psychique, spirituel)., et l'humilité de s'en remettre à Paracelse qui disait :

"consoler toujours, soulager souvent, guérir quelquefois".

Il sera question de Dieu dans ces quelques pages, que ceux qui ne le connaissent pas encore n'en soient pas fâchés car un sage Soufi a dit :

"C'est dans la conscience que les hommes ont de Lui, que Dieu prend conscience de lui-même".

Alors, je vous propose de réveiller ce Dieu qui repose en chacun de nous, en jouant au :Jeu des thérapies holistiques.

Les thérapies que je vais mentionner sont celles que je connais bien puisque je les pratique depuis longtemps, mais il y en a d'autres tout aussi efficaces. Ce sont des outils différents pour effectuer un même travail, celui qui consiste à ouvrir le chemin qui nous conduit des ténèbres à la lumière.

Ce jeu est issu du : "*Jeu des Perles de Verre*" de Hermann Hesse. Livre qui a nourrit mon espoir en l'édifice d'un monde meilleur, de par sa volonté de tendre vers la perfection, de par son cheminement, qui va de l'action à l'abnégation, à la dissolution de l'ego dans le chant universel de la vie. C'est comme si l'auteur, arrivé au sommet de son évolution, s'était aperçu que le seul moyen d'aller plus loin, était de se jeter dans le vide, dans l'infini, pour ouvrir enfin ses ailes. Le Vide, le Néant qui se nomme Perfection.

L'homme perfectible chemine sans cesse sur la corde raide, tendue entre le Yin et le Yang., entre les ténèbres et la lumière. Il y demeurera en attendant ses épousailles intérieures, le moment où "*sa tunique de peau*" se retournera

Le héros du "*Jeu des perles de verre*" fut un remarquable funambule, privilégié du fait de son appartenance au jeu, il en sera de même pour nous, si nous voulons bien nous prêter humblement à la mise en route de nos forces intérieures.

Socrate disait que : *"l'âme est capable de se ressouvenir de ce dont même elle avait certes, auparavant, la connaissance...En tant que tout sans exception a été appris par l'âme, rien n'empêche que, nous ressouvenant d'une seule chose, ce que précisément nous appelons apprendre, nous retrouvions, aussi tout le reste, à condition d'être vaillants et de ne pas nous décourager dans la recherche : c'est que en fin de compte, chercher et apprendre sont, en leur entier, une remémoration."* *(traduction de la Pléiade).*

Le dénominateur commun du " *Jeu des Perles de Verre* " fut la musique , celui des thérapies holistiques sera l'amour. Hector Berlioz vient appuyer mon idée d'analogie, lorsqu'il dit :

" Laquelle des deux passions peut élever l'homme aux plus sublimes hauteurs, l'amour ou la musique ? C'est un grand problème. Pourtant il me semble qu'on devrait dire ceci : l'amour ne peut pas donner une idée de la musique, la musique peut en donner une de l'amour... pourquoi séparer l'un de l'autre ? ce sont les deux ailes de l'âme."

C'est ainsi que je considère les thérapies holistiques, comme de grands fleuves aboutissant tous à un océan d'amour qui est l'alchimie sublime de toutes les connaissances réunies.

Maintenant, il s'agit de transmettre dans leur justesse des évidences scientifiques et ésotériques relevant de l'intuition et prenant forme dans la relation qui s'établit entre Soigné et Soignant. Nous sommes loin du "transfert" tant redouté par certains psy.

Nous voilà embarqués dans une besogne passionnante, mais dont notre vie entière ne viendra à bout, pour autant qu'on admette nos propres limites naturelles, notre propre structure et notre égoïsme de survie. Il faudra bien un jour, ou l'autre nous fondre en cet océan d'amour qui est la substance même de la vie.

En attendant, au travail… progressons… nous sommes loin du sommet.

Progresser, en amour, c'est avoir de moins en moins l'impression d'être une projection erronée de soi-même.

Trouver ce lien inconscient entre toutes choses, le mettre en lumière et le vivre. Cheminer du désir humain à un autre désir, celui qui émane d'une conscience universelle et qui fait appel à Dieu. C'est une transition, on se retrouve solitaire, pour mieux percevoir ce lien en nous, ce lien d'amour si puissant, qu'il suffit d'y croire pour accomplir ce que certains appelleraient: "Miracle " et qui n'est rien d'autre que l'accomplissement d'un désir divin.

Le ciel m'a confié ton cœur,
Quand tu seras dans la douleur,
Viens à moi sans inquiétude,
Je te suivrai sur le chemin,
Mais je ne puis toucher ta main,
Ami, je suis la Solitude.

La nuit de Décembre, A. de Musset.

Avant qu'il nous pousse des ailes, il faut nous soumettre à un ordre des choses qui nous est inconnu, c'est pourquoi il est si difficile de conjuguer l'amour au quotidien, il ne prend pas toujours la forme de nos désirs, il y a une autorégulation spécifique à l'amour, comme il y a une autorégulation naturelle qui fut si chère à Wilhelm Reich. Il faudrait joindre les deux bouts de la tunique avant de la retourner, rallier la sexualité politique de W. Reich à la spiritualité constructive de Spinoza.
Il faudrait enfin établir le dialogue entre ces pulsions extrêmes, trouver un juste milieu, afin que le symbolisme du corps humain soit mis en lumière.

Arrêtons un instant notre réflexion sur la sexualité., en se souvenant du précepte celte qui dit que la vérité est le point d'équilibre entre toutes les oppositions.

« Ce qui unit les Etres c'est l'Amour,. Ce qui les sépare c'est la sexualité. Seuls l'Homme et la Femme qui peuvent se rejoindre au-dessus de toute sexualité sont forts ». A. Artaud

Pulsion de vie par excellence, on oublie trop souvent son importance dans le quotidien. La misère sexuelle ouvre les portes à bien des bêtises que l'on a du mal à analyser.

Eros étant le maître des lieux, son absence est très vite profitable à Thanatos, pulsion de mort insidieuse, calme et tranquille en apparence, mais qui peut devenir démon se jetant sur sa proie (définition encyclopédie Alpha).

Il est important dans ce domaine, de savoir gérer l'énergie qui y circule et d'éviter les pièges de la compulsion.

W. REICH a, par son œuvre, contribué à démystifier le questionnement humain et social. Mais l'autorégulation naturelle n'est valable qu'à condition de la vivre consciemment.

Certains préfèrent ignorer le problème et sublimer dans une dévotion spirituelle qui ne me paraît pas authentique. Il faut vivre dans la chair l'alchimie interne que produit la sublimation. Et même dans ce cas la question se pose : l'harmonie peut-elle se faire au détriment d'une fonction naturelle ?

Il ne nous viendrait pas à l'idée de déclarer caduque une autre fonction, alors pourquoi celle-là ?

Peut-être parce que justement, l'être humain est interpellé sans cesse dans ce domaine. Les publicitaires ont su en tirer profit.

Il ne faut pas être dupe et revendiquer notre droit à l'authenticité, sur tous les plans.

Thanatos, disions-nous, sommeille dans un coin attendant qu'Eros quitte les lieux. Proposons leur une réconciliation, afin de pouvoir respirer à l'aise. Il faut pour cela commencer par se débarrasser de ses peurs.

Mater Dolorosa veille au grain, la culpabilité nous enserre dans ses griffes sordides. Il faut déprogrammer tout le système en prenant garde de ne pas vaciller.

Ne pas tomber dans le piège du n'importe quoi; la peur doit céder la place au respect et il s'agit encore de réminiscence; car le respect ne peut naître que de soi-même dans l'authenticité de son être; on n'apprend pas le respect à quelqu'un, c'est en le respectant dans son intégrité qu'on lui permet d'y accéder.

Cette grande dame qu'était Maria Montessori l'avait bien compris en basant toute sa "*pédagogie scientifique*" sur ce thème. Quel dommage que l'on ai gardé de son travail que la dimension matérielle, au moins les enfants ont-ils du mobilier à leur taille, mais l'école qui se voulait athée a délibérément ignoré le travail de l'âme enfantine. Un enfant est une étoile qui s'éteint dans le ciel pour venir briller sur la terre, et on a de cesse de ternir son éclat. Quand saurons nous l'accueillir dignement en lui offrant notre écoute dans un échange respectueux ? L'enfant que nous accueillons est une partie de nous-mêmes à éduquer.

Curieusement je suis arrivée à parler de l'âme en développant le sujet qui nous préoccupe et qui relève de la sexualité.. Antagonisme croyez-vous ? nenni, tous nos clubs de rencontre qui foisonnent en Occident me paraissent bien être une réminiscence du tantrisme hindouiste. On ne gagne rien en voulant ignorer notre passé. Il devrait être le tremplin pour notre évolution. Dieu l'a voulu ainsi me direz-vous. En Père bienveillant il n'a pas voulu nous embarrasser d'un poids inutile, il suffisait de suivre ses préceptes. Mais nous sommes désobéissants par nature, et le cynisme a été notre seule consolation.
Essayons de nous souvenir…

11

Il a tant de choses à dire ce corps qui se tue à nous rappeler qu'il est à notre service pour accomplir de grandes choses. Quelquefois, il s'épuise à nous soutenir dans des tâches aussi futiles qu'inutiles; alors il est grand temps de lui fournir des béquilles bien solides, capables de lui redonner l'envie de continuer, d'évoluer, de dépasser ces phases évolutives que sont nos problèmes existentiels.

> *Dans la foule comme dans l'individu*
> *Il y a des trésors que nul n'a touchés,*
> *Les deviner, les chercher, les trouver,*
> *Voilà la joie suprême.*

(Modeste Moussorgski)

JEU DES THERAPIES HOLISTIQUES

Comment choisir un outil d'évolution ?

La perle de verre prendra place sur le boulier lorsque la définition substantielle de l'art ou de la science qu'elle représente s'y intégrera d'une façon totalement harmonieuse. Les thérapies prendront place dans la symphonie du monde lorsqu'elles seront appliquées dan un seul et unique élan d'amour.

- Fabriquons nos remèdes homéopathiques nous mêmes, afin de décupler l'énergie nécessaire à la guérison.(Homéopathie, médecine vibratoire).

- Les yeux nous mettrons sur la voie en nous donnant très vite une idée de l'état général. (iridologie)

- Il faudra déterminer l'itinéraire à suivre, la PNL est un outil essentiel et efficace dans ce cas. Trouver des objectifs précis, mettre en place les ressources nécessaires pour y arriver. (Développement intérieur, PNL)

- L'alimentation vient en premier rang pour un bien-être et représente quelquefois "la" solution face à des problèmes de santé. (alimentation, jeûne, régime)le végétalisme est la nourriture la plus appropriée au corps humain, mais il va de soi que la nourriture est également affective et qu'un régime strict ne saurait régler définitivement les problèmes. Mais le foie étant l'organe le plus sollicité je vous suggère de lire de livre du docteur Sandra Cabot : Régénérez votre foie. (éd. Jouvence).

- A l'aide de la médecine chinoise on retrouvera l'équilibre énergétique qui supplée au physique.(énergétique chinoise)

• On n'oubliera pas de s'occuper des Centres Psychiques que sont les chakras, véritables aspirateurs cosmiques.(chakras, nettoyage émotionnel)

• Et si l'individu en question manque de courage', on fera appel à ses amies les plantes. Des élixirs choisis au feeling et au bio-test (méthode kinésiologique mise au point par Michel Dogna) sauront aller plus loin que nos modestes personnes, se confondre à l'être profond qu'elles aideront à grandir. (des plantes pour l'homme, élixirs floraux)

• Quelques oligo-éléments sauront améliorer l'alchimie biochimique nécessaire à la vie. (Oligo-métaux)

• N'oublions pas qu'un bon Sommeil est salvateur. Quelquefois, il représente une fuite ou un refuge. Il faut faire plus ample connaissance, se rapprocher de ce messager astral, mettre tout en œuvre pour le protéger. (mécanisme du sommeil).

• Et les oreilles, de sourds que nous sommes, nous servent pourtant davantage à déceler les fausses notes de notre organisme . Une petite aiguille bien placée transmet un message de guérison. (réflexologie auriculaire).

• Les pieds ne se cachent plus. Ils ont même la parole lorsque, de nos mains, on cherche à les comprendre; (réflexologie plantaire)

• De notre observation morphologique découlera une appréciation psychologique qui nous mènera tout droit à déceler le prototype et plus souvent le métatype de notre patient, ce qui viendra étayer le choix du remède de terrain. (psycho-morphologie).

- En fait, nous cheminons sur notre route en même temps que le sang chemine en nous. Il s'agit de trouver une voie d'harmonie, de coller notre itinéraire extérieur sur celui qui nous est indiqué par le sang, directement relié à l'universel. C'est un moyen d'action pour trouver l'ouverture cosmique. Même le sang malade est porteur de message. L'élixir minéral « Œil de chat » peut nous brancher. (sang – ADN – glandes endocrines).

- Les vertèbres sont également des instruments utilisés dans la grande symphonie de la vie. Elles peuvent consciemment devenir des aides précieuses.(énergétique vertébrale).

- Sommes nous prêts à démystifier les symboles ? Ils sont utiles et voilent habilement des vérités trop bouleversantes pour certains< ; A chacun son rythme. La tunique de peau sera retournée au bout du chemin .(symbolisme du corps et des maladies).

- Les huiles essentielles peuvent servir à trouver l'harmonie entre l'émotion, la pensée et l'action. Faire voyager son patient de l'état de malade à celui de la maladie et enfin vers son idéal, en, utilisant les trois applications : voies cutanée, orale, aérienne. C'est moins la maladie qui importe que la relation du patient à cette dernière, (aromatologie, PNL, communion nature)

- Nous arrivons aux cristaux cheval de bataille de l'ère du Verseau. Ils vibrent à l'unisson avec notre pensée et se prêtent docilement à nos manipulations. Puissent-elles être nombreuses et positives tant pour l'homme que pour la planète.(cristaux, PNL, élixirs minéraux)

- L'astrologie nous aide à comprendre et à surmonter certains obstacles nécessaires à notre épanouissement ou encore nous permet de les éviter, elle offre aux aveugles que nous sommes un peu de lumière.(astro-oénergétique humaine)

• Et si par bonheur nous procréons sous la bonne étoile, ouvrons grands nos cœurs et soyons à l'écoute de l'âme qui s'incarne prodigieusement dans ce petit corps que nous fabriquons avec amour, toujours en pleine conscience, aidons le à venir à ce monde dur aux âmes pures.(maternité).

• Nourrissons notre corps de vie à l'aide d'une alimentation bioénergétique.(cristallisation sensible, biodynamisme)

• La relaxation coréenne est un atout majeur à l'épanouissement, en douceur, elle débloque les dièses et les bémols que nous gardons cachés et qui bien placés sur la portée, nous aident à avancer. (relaxation coréenne).

• Gardons nous des vaccinations pour éviter les grands syndromes et transmettons les faits à qui veut bien les entendre. Il ne suffit plus de se taire. (vaccination, grands syndromes).

• La médecine orthomoléculaire peut rendre de grands services dans le cas d'atteinte grave, puisqu'elle agit directement sur la cellule.

• L'habitat de nos ancêtres a progressé vers un confort soupçonné de ne pas apporter l'essentiel. Essayons d'allier le naturel à nos besoins matériels. Ce que nous faisons pour nous, faisons le pour notre environnement, puisque nous devenons ce que nous respirons. C'est tellement vrai que notre pensée doit bien souvent habiter notre respiration, transcender l'alentour pour ne pas subir sa nocivité. (cosmo-tellurisme)

• Les Devas de la nature gagnent à être connus. Une collaboration avec eux nous serait salutaire. C'est notre qualité d'écoute qu'il faut travailler, affiner, avec persévérance et conviction. (communion nature)

• Une pratique quotidienne nous aidera à capter ces énergies qui se dérobent à qui n'en est pas digne. Il faut faire preuve de grande humilité et pourtant il faut avoir la prétention d'y accéder. Tout cela est d'une sensibilité quasi - martyrisante si l'on perd de vue le but final : devenir l'instrument même du grand organiste cosmique, celui qui aux dires de Khalil Gibran :

Nous bat pour nous mettre à nu

Nous tamise pour nous libérer de notre bale

Nous broie jusqu'à la blancheur

Nous pétrit jusqu'à ce que nous soyons souples
Pour nous livrer à son feu pour que nous puissions

Devenir le pain sacré du festin de Dieu.

Le Prophète .K. GIBRAN

En attendant d'exceller dans ce domaine, croyons que… attendons-nous à…et faisons comme si…(pratique intensive des perceptions subtiles)

• Sous des apparences angéliques, le massage holistique cache la phrase de Kahlil Gibran : " *ainsi pénétrera-t-il jusques à vos racines et les secouera dans leur attachement à la terre".* Acceptons les tempêtes de notre âme sinon *"Il vaut mieux couvrir votre nudité et sortir de l'aire de l'amour"* (toujours le prophète).

• Yi King-Tes 50 baguettes d'achillée savent mieux que personne répondre à une question bien posée. Les mathématiques et la philosophie se rejoignent efficacement pour délivrer des messages qui traversent le temps et l'espace. C'est un vrai bonheur de rentrer dans ce partage énergétique qui transforme nos existences.

° La D.S.T.H. (désintoxication homéopathique) ouvre des perspectives informatives illimitées.

° L'ostéopathie douce Poyet va de suite à l'essentiel, on la définit ainsi : « le poids du papillon et le poids de l'intention ».

° La Psychophanie-Cet outil fait tout simplement la synthèse de tous les autrtes, c'est la réalisation du Lien.

° Le R.E.F.- (Rétablissement Energétique Fondamental) mis au point par Daniel Christian KERBIRIOU, même s'il a déjà fait ses preuves, ne sera effectif que dans la situation où soigné et soignant seront absolument reliés à l'énergie réparatrice. J'ai assisté personnellement à une remise dans l'axe d'une scoliose congénitale.

Le choix fut difficile, et pourtant, comme en CASTALIE, cité où l'on pratique "*Le jeu des Perles de Verre* ", il doit y avoir un domaine privilégié dans lequel on progresse et on se parfait.

Je n'ai pu me contenter d'une seule piste. Il y aura donc la PNL pour satisfaire notre mental et le GI GONG pour notre corps et notre esprit, agrémenté d'une cerise sur le gâteau puisqu'il vient s'y rajouter la psychophanie.

PROGRAMMATION NEURO-LINGUISTIQUE

Un début de cohérence

La PNL (Programmation Neuro Linguistique) a été mise au point par John GRINDER et Richard BANDLER linguiste et mathématicien de leur état. (Peut-être sont-ils les réincarnations de Montaigne et Descartes enfin réconciliés ?)

PROGRAMMATION : parce que tout au long de notre existence nous nous programmons par des pensées , des gestes, des comportements.

NEURO : Tout comme un ordinateur, nous avons notre mémoire (cerveau) et nos interfaces (système nerveux).

LINGUISTIQUE : parce que le langage structure et reflète notre façon de penser (système verbal et corporel).

Depuis toute petite, le langage me paraissait peu adapté à la vie, il reflétait si peu la pensée profonde des êtres…
Le silence fut un choix délibéré qui me valut quelques problèmes de communication.
" On parle lorsque l'on cesse d'être en paix avec son esprit ". (K. Gibran)
Tout le monde n'est pas un fan de K. Gibran, il faut jouer le jeu qui est présent partout.
La vie est le théâtre de l'esprit. Les acteurs y sont quelquefois excellents, quelquefois exécrables. Il me restait un seul moyen de rallier le troupeau, c'était de me conformer aux ambiances environnantes. Ce manque de caractère que l'on me reprochait alors, est devenu à la lumière de la PNL une "flexibilité comportementale". On comprendra aisément pourquoi je fus séduite.

C'est dans les années 70 que J.Grinder et R. Bandler se sont rencontrés et ayant observé des personnalités performantes dans leurs pratiques différentes en psychothérapie , ils ont pensé eux aussi à une synthèse de leurs arts respectifs avec juste ce qu'il y a de meilleur chez chacun d'entre eux.

Ainsi est née la PNL qui se définit en tant que technologie à décoder des modèles : modélisation de l'excellence, éducation du cerveau, modèle de choix (nous avons plein de possibilités, nous avons le choix de changer nos croyances, nous avons le choix de notre identité), étude de l'expérience subjective.

Avec les outils qu'offre la PNL, tout devient possible puisque l'une de ses présuppositions est que chacun de nous a en lui les ressources qui lui sont nécessaires pour faire tout ce qu'il veut. Mais il y a un principe de base qui exclut toute manipulation : c'est le respect du Modèle du Monde de l'autre. Rien ne sera fait qui ne puisse satisfaire à l'écologie du patient.

Les outils sont nombreux : ancrages, système sensoriel, VAKO (Visuel, Auditif, Kinesthésique, Olfactif, gustatif), compromis entre différentes parties conscientes de la personnalité, et dans le cas de troubles inconscients, on aura recours à l'hypnose Eriksonnienne qui répond au même principe de base.

Le travail PNL s'accomplit au niveau mental et bien souvent, on va "toucher" le spirituel. C'est le marche-pied pour arriver au plus haut point de notre être.
L'hypnose est un bon outil pour traiter les résistances mentales à accéder au spirituel.
On peut avoir recours à l'élixir minéral de Sphène, si la séance a été un peu dure.

Il y a un monde de perfection qu'il ne tient qu'à nous de créer. Nous sommes l'équivalence concrète de la valeur abstraite divine, mais le chemin est plein d'embûches et les rôles sont distribués en fonction du talent de chacun.

La nature n'est pas parfaite, il lui manque l'inter-relation avec l'homme, au sein duquel Dieu a déposé son intelligence.

Il n'y a rien qui échappe à notre contrôle, lorsqu'on est prêt à accueillir l'inconnu, on finit par faire corps avec, en gardant les pieds sur terre et la tête dans les étoiles.

Etre à sa juste place envers et contre tout.

Trouver le mot juste pour que la parole reprenne ses droits (croyez-vous que la molécule responsable du syndrome de la Vache Folle se nomme Prion par hasard ?) vous savez bien qu'il n'y a pas de hasard, que c'est le nom que Dieu se donne pour voyager incognito (dixit Einstein). Alors pour demander de l'aide, prions :

Aime-moi tel que tu es

Moi ton Dieu, je connais ta misère, les combats et les tribulations de ton âme, la faiblesse et les infirmités de ton corps ; je sais ta lâcheté, tes défaillances; je te dis quand même : donne-moi ton cœur, aime moi comme tu es.

Si tu attends d'être un ange pour te livrer à l'amour, tu ne m'aimeras jamais. Même si tu retombes souvent dans ces fautes que tu voudrais ne jamais connaître, où si tu es lâche dans la pratique de la vertu, je ne te permets pas de ne pas m'aimer.

Aime-moi comme tu es. A chaque instant et dans quelque position que tu te trouves, dans la ferveur ou dans la sécheresse, dans la fidélité ou dans l'infidélité.

Aime-moi comme tu es. Je veux l'amour de ton cœur indigent. Si pour m'aimer, tu attends d'être parfait, tu ne m'aimeras jamais.

Mon enfant, laisse-moi t'aimer, je veux ton cœur. Je compte bien te former, mais en attendant, je t'aime comme tu es. Et je souhaite que tu fasses de même. Je désire voir du fond de ta misère monter l'amour. J'aime en toi jusqu'à ta faiblesse. J'aime l'amour des pauvres. Je veux que' de l'indigence, s'élève continûment ce cri : Seigneur je vous aime. C'est le chant de ton cœur qui m'importe. Qu'ai-je besoin de ta science et de tes talents ? Ce ne sont pas des vertus que je te demande, et si je t'en donnais, tu es si faible que bientôt l'amour-propre s'y mêlerait. Ne t'inquiète pas de cela.

J'aurai pu te destiner à de grandes choses. Non, tu seras le serviteur inutile ; je te prendrai même le peu que tu as, car je t'ai créé pour l'amour. Aime; l'amour te fera faire tout le reste sans que tu y penses ;ne cherche qu'à remplir le moment présent de ton amour.

Aujourd'hui, je me tiens à la porte de ton cœur comme un mendiant, moi, le Seigneur des seigneurs. Je frappe et j'attends, hâte-toi de m'ouvrir, n'allègue pas ta misère. Ton indigence, si tu la connaissais pleinement, tu mourrais de douleur. Cela seul qui pourrait me blesser, ce serait de te voir douter et manquer de confiance.

Je veux que tu penses à moi à chaque heure du jour et de la nuit, je ne veux pas que tu poses l'action la plus insignifiante pour un motif autre que l'amour.

Quand il te faudra souffrir, je te donnerai la force. Tu m'as donné l'amour, je te donnerai d'aimer au-delà de ce que tu as pu rêver. Mais souviens-toi : "aime-moi, tel que tu es". N'attends pas d'être un saint pour te livrer à l'amour, sinon tu n'aimeras jamais.

Celui ou celle qui a reçu le don de cette prière ne pourra m'en vouloir de l'offrir à mes lecteurs.

Après prise de conscience de cette parfaite indigence, on peut rencontrer l'initiation au pouvoir divin, et ceux et celles qui ont fait ce parcours seront d'accord pour dire qu'il est évident d'avoir gardé sous secret des pratiques si performantes. Et à ce moment là, sans pour autant se prendre pour des dieux, nous pouvons transmettre cette énergie divine alentour. Puissiez-vous être nombreux à faire ce chemin merveilleux. La vie est magique et nous sommes issus de cette magie là.

Simplifier, clarifier, sans exclure aucune possibilité, créer un lien direct avec chaque chose, rester conscient des interférences sans leur permettre une emprise chaotique de notre esprit. Il s'agit donc de rester à l'écoute de toutes pulsions et savoir leur offrir une voie d'expression juste et directe, sans déviation aucune.

C'est à ce moment là précisément que notre langage sera le reflet fidèle de notre pensée, enfin nous ne parlerons plus pour ne rien dire., comme c'est malheureusement si souvent le cas. Peut-être que le Verbe s'étant fait chair, il nous reste à vivre la Chair qui se fait Verbe. Ce serait une manière de retourner "*sa tunique de peau*" ou d'entrer de plein pied dans la "*fusion des 5 éléments*" de Mantak Chia (Maître de Qi Gong)

Mais il faut savoir obéir avant de commander. Il faut avant de créer se défaire de ses illusions, de son ignorance. La robe de lumière est faite de la connaissance qui se noie dans le néant. "Etre" dans toute sa simplicité, que cela est difficile ! Est-ce qu'évoluer veut dire perdre ses illusions, ou faut-il au contraire s'élever jusqu'à elles ?

Dans tous les cas :

" *il faut balayer les illusions de la puissance, de la volupté, de la réputation qui n'apportent que malheur, il faut affronter les revers de la fortune et s'élever à la vérité, au bien et à l'universelle providence, seule capable à assurer à l'âme l indépendance et le bonheur*"

(histoire du Juif Errant – Jean d'Ormesson)

La vie est belle, celle bien sûr que l'on boit à la source qui jaillit de la montagne, celle que l'on rencontre dans le regard d'un enfant, dans la beauté d'une fleur, d'un son, d'un animal.

Pourquoi toute cette vérité se trouve-t-elle noyée dans un fleuve indéchiffrable, un fleuve ravageur qui emporte avec lui toute une conscience universelle ?
Ce fleuve là ne vient pas d'une source naturelle, il a été construit par tous les barrages socio-éducatifs de l'intellect et est dépourvu de sa dimension cosmique. Un pauvre esprit avide de pouvoir, rempli de crainte, détourné de sa voie spirituelle.

La PNL ouvre les portes à l'accomplissement, elle appréhende le monde d'une manière universelle, en respectant la différence de chacun.

Nous arrivons à la fin du jeu, il ne nous reste plus qu'à prendre conscience de notre souffle pour une salutaire renaissance.

L'art du souffle s'impose par lui-même;

"le Qi est le cordon ombilical qui mène à Dieu" (Albert Palma)

La porte s'ouvre silencieuse, une douleur entre les omoplates semble dire: " le chemin passe par là , par l'organe empereur, le cœur".

La route est à peine carrossable, les contrées douces et chaudes au corps, à l'âme et à l'esprit, sont encore loin. Le paysage prend des airs de cauchemars. D'anciens démons viennent nous visiter, le travail consiste à les re-connaître. L'ignorance est nécessaire pour faire naître une dynamique de connaissance, elle est faite d'errements, elle est la composante essentielle des ténèbres. Quelquefois, le chemin se colore de désespérance et devient solitude.

C'est pourtant dans cette solitude que nous allons trouver la matière première de notre travail qui nous poussera à y faire des brèches, à force de guerres, d'explosions, de sentiments contradictoires. Elle peut paraître sombre et laide, tant elle va quelquefois à l'encontre de notre être. Mais lorsque nous arrivons enfin à l'espérance, il nous prend une envie pressante d'arriver à destination.

C'est ainsi que les chemins de traverse qui rallongent le voyage nous paraissent inutiles. Mais il n'en est rien; il faut que la partition cosmique puisse se jouer – au fond de nous existe un être humble, prêt à participer à la grande harmonie terrestre –

c'est en pratiquant la conscience du souffle qu'on le découvre, installé sur la voie du juste milieu, nous remettant toujours à l'unisson de nous - même.

Le Qi Gong est une pratique efficace pour dévoiler cet aspect équilibré de l'homme, trait d'union entre le ciel et la terre, transformateur de toutes les énergies cosmiques. Il serait bon de s'accomplir dans des actes justes, les pieds dans la terre et la tête dans le ciel.

L'énergie se fait lourde, très lourde quelquefois, mais n'oublions pas que l'arbre vermoulu est léger et que celui qui porte des fruits est pesant (dialogues avec l'ange).

Il existe chez l'homme, un phénomène de compulsion à tous les niveaux, physique, psychique et spirituel. C'est un dur labeur que d'en sortir. Ce sont les velléités qui nous obsèdent. Pratiquer le Qi Gong est un passage à l'acte décisif qui entraîne la purification, par l'élimination de ce blocage. Tout est histoire de fluidité. Les stases énergétiques se nourrissent d'incertitude et de doute. Et cette soif insatiable de nouveauté dont témoigne l'humanité n'est qu'une manière inconsciente de sortir de ce mauvais pas.

> " *Cette vie est un hôpital où chaque malade est possédé du désir de changer de lit…"*
>
> *(Any where out of the world – Beaudelaire).*

Le contre poids se situe peut-être dans l'inconscient collectif. Plus l'humanité comptera d'esprits éveillés, plus légère sera l'énergie. Mais nous n'en sommes pas là. Soyons simplement conscients de l'importance de notre travail sur nous même, pour qu'enfin nous puissions être dignes d'être composés de " poussière d'étoiles". Ces mêmes étoiles qui nous semblent si inaccessibles et qui pourtant nous sont si proches.

L'authenticité serait-elle une synthèse de l'énergie pour rejoindre le Tao initial ?
Faisons notre cette pensée tout en cheminant humblement sur la voie si singulière de l'illusion. Car il n'y a de réalité que dans l'énergie. Quelle curieuse découverte que de s'apercevoir que notre souffle ne nous appartient pas, qu'il émane de je ne sais où pour y retourner ; nous ne sommes qu'un passage obligé, pour lui donner conscience d'exister.

« Ce monde de rosée n'est qu'un monde d'illusions, mais tout de même… » (Jean Martel : Des hommes, des idées et des dieux)

« Il passe à travers soi quelque chose dont on ne peut rien dire. Accepte que ce soit un grand mystère, une force, une joie qui font que le torero semble se jouer du taureau et que les danseurs de flamenco vont pouvoir danser jusqu'à l'aube »(l'art du souffle – F. Leboyer)

Ayant le souci d'authenticité, il est bien sûr important d'être **dans** l'énergie.
Et pourtant "marcher à côté de ses pompes" est le lot de tout un chacun. Quotidiennement on se prend en flagrant délit d'absentéisme. Heureusement que l'inconscient sait prendre le relais, étant lui-même le relais entre notre conscience et celle d'où nous venons, qui se trouve dans le monde superlumineux, si bien décrit et étudié par le Pr. Régis Dutheil (l'homme superlumineux, la médecine superlumineuse)

Voilà encore une bonne raison de travailler sur soi, pour établir une cohérence à tous les niveaux. La cause d'une maladie se situe forcément dans une incohérence comportementale ou cognitive.

L'état de santé idéal est la cohérence sur tous les plans de l'existence : physique, psychique et spirituel. Mais qui peut prétendre avoir atteint ce degré de perfection ?

Nous sommes tous dans une forme plus ou moins bonne "bon / mauvais", termes qui paraissent antagonistes et qui ne le sont pas tant que ça. Car trop de cohérence nuit à la fluidité. N'est-ce pas grâce à ses parties incohérentes que l'eau peut couler ? Le schéma des cellules ADN saines est cohérent, celui des cellules cancéreuses est déstabilisé donc incohérent. C'est bien dans ce sens que l'on peut dire qu'une maladie est un message.

Mais prenons les choses à leur début.

La naissance représente la première des incohérences. L'esprit libre par essence se trouve emprisonné dans un corps physique. La naissance est-elle un mal pour autant ?

Le mal et le bien, vaste dilemme. Les celtes ne s'en préoccupaient pas. Ils se situaient par delà le "*Conatus humain*" de Spinoza; vers l'inspiration Nitzchéenne. Nous nous sommes arrêtés en cours de route ; peut-être par manque de philosophes dignes de ce nom; car on ne peut prétendre faire de la philosophie et être déconnecté de la vie. Et peut-on parler de vie sans parler d'amour ? peut-on parler d'amour sans parler de spiritualité ? Je citerai à ce propos Miguel de Anamuno :

"*Nous avons créé Dieu pour sauver l'univers du néant, car ce qui n'est pas conscience, et conscience éternelle, conscience de son éternité et éternellement consciente, n'est rien qu'apparence. Il n'y a de véritablement réel que ce qui sent, souffre, compatit, aime et désire, autrement dit la conscience; il n'y a de substantiel que la conscience. Et nous avons besoin de Dieu pour sauver la conscience, non pour penser l'existence, mais pour la vivre; non pour savoir pourquoi et comment elle est mais dans quel but. L'amour est un contresens s'il n'y a pas de Dieu.*"

Ce mystère incontournable ouvre la porte à tous les extrêmes si on évoque le nom de Dieu. Gardons-nous justement de trop le prononcer et reconnaissons son existence dans le fait que le mystère reste entier. Ayons l'humilité de reconnaître qu'il y a des choses qui nous dépassent même si nous essayons de les pénétrer;.gardons à l'esprit que la question est plus importante que la réponse… c'est ainsi que naîtra l'homme nouveau.

Incohérence signifie ouverture aux messages. La vie serait effectivement un apprentissage :

« L'homme est un apprenti, la douleur est son maître et nul ne se connaît tant qu'il n'a pas souffert. »(La nuit d'octobre, A. de Musset)

Revenir sur cette terre requiert du courage et une force vive. Mais qui peut nous dire si cette force émane du bien ou du mal ? s'agit-il de lumière ou de ténèbres ? pour le corps qui est entrain de se fabriquer, la venue de l'esprit représente certes une illumination, mais pour l'esprit qui doit revêtir un habit de chair, quitter le monde lumineux pour un monde de larmes et de soupirs ?

Antonin Artaud était de ceux qui connaissant le prix de la souffrance, a su mélanger dans sa poésie le bien et le mal. Par sa cruauté (infligée par son corps) il a exprimé l'inexprimable. Il se situait par delà le concept humain courant. Ses cris de détresse blasphématoires sont autant d'appels à un Dieu authentique qui se trouve ailleurs que sur la croix. Il représente encore un bouc émissaire pour la société. Il n'a pas su se conformer aux règles sociales et sa lucidité l'a rendu fou. Voilà le danger, car trop de lucidité fait vaciller. Il n'y a que la prière pour nous sauver de la folie. Mais une prière non dogmatique, une prière authentique qui développe au fond de nous cet être tout puissant qui a soif d'absolu. Il vivait en constante incohérence, être authentique face à une société hypocrite. Comment pouvait-il s'en sortir autrement que de donner à son esprit de quoi assouvir sa faim ? cette faim qui ne pouvait aboutir qu'à sa fin pour libérer enfin cet esprit si vaste et fécond de ce corps trop étroit qui ne lui servait à rien. De là à penser que nous choisissons nous-mêmes notre mort ou notre survie, il n'y a qu'un pas, ou disons le franchement, le but est atteint. Vous me suivez ? tout repose en nous. Il n'y a qu'à…

Prenons le cas d'un être qui commet des actes répréhensibles et qui ne s'en fait aucun cas de conscience, autrement dit, il ne se pose pas de questions. Il est dans l'action en cohérence avec ses pensées, ses critères absolus. Il ne sera pas malade puisqu'il est cohérent, mais il vit dans l'entropie. Aucune information ne viendra le déstabiliser. Ce même personnage ayant évolué et commençant à se poser des questions pourra tomber malade puisqu'il n'est plus en cohérence avec son système de pensée. Et à partir de là lui viendront les informations nécessaires à son évolution, pour finalement aboutir à une guérison, lorsqu'il aura à nouveau atteint une cohérence tout aléatoire, puisque le but de la vie est la transformation permanente. Le cheminement devrait se faire ainsi, en constante interaction avec l'univers

La santé est donc une affaire de conscience.

Mon ami Charles Reymondon (inventeur de la musique du corps) avait émis l'hypothèse d'un renversement énergétique qui serait à l'origine de la perversion sociale. Cela rejoint l'idée de Mantak Chia dans la fusion des 5 éléments exercice au cours duquel on renverse le Tai Chi. Roger Garaudy illustre cela lorsqu'il dit " mourir sa vie et vivre sa mort ". C'est idiot de venir au monde pour y mourir, si ce n'est que nous ayons à y apprendre quelque chose.

Mais il se trouve, que dès que nous arrivons, on se plaît à nous rendre les choses difficiles, on brouille les cartes. Quel dommage, car en général on arrive en assez bon état. Sauf que l'on nous fait croire que tout est mauvais sur cette terre. A commencer par les mères qui ne bénéficient plus de l'initiation de l'accouchement. Le bébé, quant à lui, est de suite aseptisé, mouché, lavé, on ne lui laisse pas faire ses premiers efforts. Si vous avez le privilège de pouvoir assister à une naissance pleinement vécue, observez la lutte que fournit ce petit corps et cet esprit, afin d'établir un lien étroit et durable. Un début de cohérence, en quelque sorte. Et lorsque ce travail est enfin accompli, on injecte sournoisement à ce petit être des poisons nommés vaccins pour que l'incohérence énergétique soit complète. Alors qu'il vient d'effectuer un travail considérable pour trouver un équilibre ! ! et l'on voudrait, après cela, que l'enfant devienne un homme responsable.

Il y a une incohérence naturelle à respecter et une autre à rejeter absolument. Celle que les hommes ont inventée pour prendre le pouvoir. Le discernement est facile lorsque l'on observe avec vigilance; et n'est-ce pas là le rôle des parents ? si toutefois ils ont réussi à échapper aux emprises socio-éducatives. Sinon, ils délèguent volontiers, d'abord à l'hôpital, ensuite à la crèche, ensuite à l'école. Ils oublient qu'avec cette philosophie anti-vie ils finiront eux aussi au mouroir.

Il faudrait pour rendre la route moins pénible, respecter l'énergie initiale, celle qui nous est donnée à la naissance, bagage précieux que l'on s'empresse de démolir.

Le nouveau-né est un modèle de perfection qu'il conviendrait d'observer, pour en tirer des leçons nécessaires à notre survie.

Car au point où en est l'humanité, nous n'avons plus droit à l'erreur. Elles ont été commises, sans en oublier aucune. Il serait bon de renverser la vapeur et de mettre au point une ligne de conduite irréprochable.
Le lien spirituel existe en force à notre naissance et c'est bien de cela qu'il s'agit, car, je le répète, la santé est une affaire de conscience..

Qui donc a intérêt à déjouer les plans cosmiques ? Ceux à qui la maladie et la faiblesse profitent, ceux qui sont avides de pouvoir.

Mais ceux-la même sont à plaindre, car ils ont dévié de la route qui mène à Dieu. Ce n'est pas l'amertume qui doit nous guider, mais la compassion. C'est alors seulement que germera l'homme nouveau, celui qui ne connaîtra comme guide que sa propre conscience intacte et donc cohérente, celui qui saura se garder en bonne santé pour reconstruire le monde pour nos enfants.

Ceux-ci sont innombrables et victimes d'une pression sociale qu'il nous faut combattre pour eux. La nature est sublime et nous apporte tout l'enseignement utile, si toutefois nous savons l'observer et entrer dans ses vibrations.

Quoi de plus aisé pour un pratiquant de Qi Gong (ou tout autre art du souffle) ? il s'agit de mettre à profit ce travail d'intégration et de partage.

Le Qi Gong deviendra vite spontané. Une contemplation initiatique d'un art de vivre. La vie n'étant qu'une plus ou moins longue initiation, selon la perception temporelle de chacun.

Etant sur la voie, il convient d'y entraîner les autres. Vaste programme pour qui n'est pas prêt à remettre sa vie en question.

Tout en respectant la carte du monde de notre prochain, on peut, par notre exemple et notre travail sur l'énergie, lui proposer des points de vue différents. Quel dommage que l'homme ne soit pas conscient de sa dimension spirituelle. Les travaux du bio-physicien Régis Dutheil ont pourtant contribué à mettre ce phénomène en évidence. Il a émis l'hypothèse d'un univers complémentaire et symétrique au nôtre, où les vitesses seraient supérieures à celle de la lumière.

Certains philosophes de l'antiquité l'ont précédé dans cette réflexion. Tous les chercheurs buttent à un certain stade de leurs travaux, face à l'implacable protocole qui les oblige à reproduire des découvertes qui ne sont plus gérées par les lois physiques connues. Avoir la modestie de ne pas tout comprendre, c'est reconnaître l'existence de Dieu.

Et pourtant le Qi Gong nous délivre de tant d'ignorance, en rendant plus perceptibles les vibrations subtiles de l'énergie qui nous entoure, et en renforçant notre intuition que des siècles d'obscurantisme ont tarie. C'est cette intuition qui devrait être notre guide. Elle est la voix de l'inconscient si savant, si universel et si puissant. Il sait que les petites choses du quotidien se révèlent être aussi initiatiques que les grandes révélations. Il y a en toute chose une dimension cosmique. Selon notre qualité d'énergie, la vie se transforme en bien ou en mal. Mais c'est également de cette notion manichéenne qu'il nous faut débattre.

Le judéo-christianisme nous a rivé pour longtemps dans un schéma de pensée dépassé. En prenant pour base de réflexion le Yin et le Yang, on s'aperçoit que la victime est souvent autant concerné par l'action de son bourreau que le bourreau lui même, qui peut devenir, selon les circonstances, un acteur karmique non moins concerné.

Et le libre-arbirtre, qu'en faisons-nous ? Spinoza ou Nietzche ? sommes-nous programmés une bonne fois pour toute, comme :le suggérait le premier ou sommes nous capables d'accéder au stade de surhomme dont la voie nous a été tracée par le second. ? Et si au lieu de raisonner en terme de rivalité on se mettait à utiliser celui de complémentarité ? Etre programmé n'est pas irréversible, un programme se change.
Nous fortifions notre libre-arbitre par la pratique du Qi Gong, en nous débarrassant des indécisions, nous prenons notre juste place. Et après toutes les inepties de notre vie, il ne reste plus qu'à nous reconstruire…c'est bien ce que nous sommes entrain de faire.

Chacun a le choix des outils, mais personne ne peut déléguer son pouvoir d'auto-guérison, ni vers son thérapeute, ni même vers Dieu, même si ce dernier reste une aide précieuse.

Sans vouloir vous ennuyer, permettez-moi de rendre hommage à la danse, car c'est elle qui m'a conduite où je suis. C'est sous la houlette de Terpsychore que j'ai appris le dépassement incessant des limites physiques; dans un état de plénitude spirituelle. Un questionnement en découle naturellement. Tout être désireux de se parfaire, ne peut se contenter de pratiquer un art sans s'y accomplir pleinement. Cela est valable autant pour le professeur que pour l'élève, car c'est à l'élève que l'on reconnaît le maître.

L'énergie gagne à être connue, et les voies y conduisant sont innombrables. Elle commence par nous faire souffrir parce que nous ne savons pas l'accueillir. On la combat, on la bloque, alors qu'il suffit de la laisser faire, complice, elle nous entraîne alors vers la connaissance. A bouger dans son axe juste, on finit par trouver la mesure, et l'harmonie est douce à vivre.

L'enfant apprend à danser, porté sur le dos de la mère avant de commencer à marcher. Le contact entre lui et son entourage, sa mère, sa sœur ses frères et même ses grands-parents
Lui révèle très tôt son propre cortps comme instrument de dialogue.

Raymond Johnson

La danse existe depuis la création. D'après Platon et Lucien, elle est aussi ancienne que l'Amour, le plus ancien des dieux et elle s'exécutait en son honneur.

Les mouvements étant créés par intuition, le corps reflétait l'âme et l'esprit humain. On retrouve dans toutes les danses primitives, tribales ou sacrées des gestes analogues qui se sont transmis de par le monde et le temps, devenant symboles et archétypes.

Le symbolisme universel habite en l'être humain et ce n'est pas C.G. Jung qui me contredira. IL est d'avis que l'humain doit retrouver son intuition pour démystifier l'inspiration divine. L'authenticité dans ce domaine se trouve occultée par les dogmes enseignés depuis des millénaires. Jung fait usage de l'aplomb, autrement dit de l'équilibre, du centrage, loi du macrocosme et du microcosme, pour expliquer son principe de synchronicité.

P. Zacharias, de l'institut C.G.Jung de Zurich, compare sans hésiter l'aplomb du danseur au Tao chinois, et de citer Lao Tseu :

Es gibt ein Ding, das wirkt geheimnisvoll
Bevor der Himmel und die Erde waren, ist es schon da, so still, so leer !
… die strömende Kraft gibt Harmonie
Der Sinn…ist gelassen
Und ist doch gut in Planen.
Was zuviel hat veringert er
Was nicht genug hat, ergänst er (1)
(1) Il existe une chose qui agit secrètement
Avant qu'il n'y eut le Ciel et la Terre, elle était déjà là, si silencieuse, si vide,
Cette force rayonnante créée l'harmonie,
Le sens de toute chose… est délaissé
Et reste toutefois bien planifié
L'excès est dispersé,
Le vide est compensé.

L'aplomb s'acquiert par des exercices mais est appelé à devenir une énergie qui nous habite et nous traverse constamment pendant le mouvement.

L'aplomb se situe dans le ventre et c'est bien pour cela qu'il y a bascule du bassin.
La danse est thérapeutique et Socrate le savait lorsqu'il disait à ses amis qui le chahutaient :
" Vous riez quand je veux danser comme ces jeunes gens. Suis-je donc tant ridicule de vouloir faire un exercice aussi nécessaire pour la santé ? "
Au temps d'Aristophane, les médecins conseillaient la danse comme un traitement médical. Platon également considérait la danse comme un remède, prétendant qu'elle servait à modérer les passions les plus dangereuses : la joie, la colère, la crainte et la mélancolie.

Les chinois eux se plaisaient à dire que l'on peut juger d'un Souverain par l'éclat de la danse durant son règne (Ch. Compan, dictionnaire de la danse/Paris 1802).

Dans les ouvrages anciens qui relatent l'histoire de la Chine, on peut constater à quel point , la danse, la musique et le combat étaient liés. On peut en déduire que c'est la même pulsion qui anime ces différentes actions. Et qu'il appartient à l'Homme de faire son choix. Lorsque nait un désir légitime, il faut savoir le guider dans la sagesse d'une action consciente.

Dans la Chine ancienne, le danseur se sacrifiait pour son chef et cela pose bien les bases du problème qui nie le corps au profit de l'esprit.

" The constant crucifixion, of the dance training" L. Kirstein

L'apprentissage de la danse classique et par extension sa pratique relève d'un sacrifice quotidien.

Il s'agit de mourir à une énergie quotidienne et facile pour "co-naître" celle du danseur. Le sens du sacrifice physique étant d'après C.G.Jung une manière de se tourner vers son inconscient. En "co-naissant" d'énergie du danseur, on arrive à une renaissance plus légère.

Symboliquement, on pourrait dire que "l'en-dehors" des danseurs est une naissance à un autre état énergétique, à une ouverture de l'esprit.
La danse va vers le développement des vertus, vers la maîtrise et la connaissance de l'esprit.

A condition, bien-sûr, que l'esprit participe à cette "co-naissance", et ce n'est pas le cas. L'enseignement de la danse ignore tout cela. C'est d'ailleurs ce qui manque douloureusement partout, on ne s'occupe que des moyens, en ignorant la finalité de la démarche. Et cela me paraît grave, surtout dans le domaine des sciences.

Revenons à la danse et aux pointes qui élèvent vers le ciel. La grue ou la danseuse, laquelle des deux est plus proche des cieux ? L'illusion de poser son fardeau ne dure guère, les pointes finissent toujours par retrouver le sol et la grue finit toujours par se poser.
Serge Lifar disait que l'art de la danse ne doit être ni apollonien, ni dyonisiaque pur, ni au ciel, ni sur la terre, mais entre ciel et terre.

Et pour ce faire, pour atteindre cette mobilité, il y a le travail du "plié" qui s'effectue nécessairement avant et après un saut. L'ancrage à la terre est un travail que le danseur effectue à chaque leçon. La danse est un jeu perpétuel entre ciel et terre, dont le danseur est la concrétisation.

" Le plié est la respiration du danseur classique " P. Zacharias

La danse est inspirée des dieux et il a fallu, comme il est écrit dans l'Apocalypse XXI,22 que les sanctuaires disparaissent, afin que l'agneau de Dieu puisse régner dans le cœur de l'homme. C'est donc une séparation nécessaire que cette ignorance d'une appartenance divine. C'est à présent, une réconciliation du corps et de l'esprit qui s'opère.

Il est indéniable qu'en enrichissant la danse d'un enseignement conscient et attentif du souffle, un nouvel art authentique émergerait du chaudron alchimique de la connaissance.

Le Qi Gong et la danse sont donc des voies d'épanouissement personnel qu'il conviendrait d'associer sans pour autant faire de synthèse. Car il s'agit de deux méthodes bien spécifiques possédant chacune leur propre intelligence.

Il faut beaucoup de brins d'herbe pour faire une prairie, il faut de la pluie aussi, du soleil, il faut même des nuages. "Le paysan prie qu'il pleuve, le voyageur qu'il fasse beau, Dieu hésite".

Tout a son importance et sa raison d'exister, même la dérision de croire que rien n'a d'importance.

La connaissance de tout cela conduit à un vertige qui vous emporte vers d'autres plans…

Il y a des hommes qui cheminent avec aisance sur ces plans là. Notre évolution peut nous y conduire, mais encore faut-il le vouloir. Que la vie soit une illusion, cela peut s'admettre, mais que l'on se complaise à vivre dans l'illusion de l'illusion, cela est grave. Il y a actuellement trop de victimes de l'image imposée par ceux qui ont développé l'esprit grégaire de l'humanité. C'est notre individualité qu'il nous faut construire; tout en sachant que notre égo doit rester au service de notre âme, de notre esprit et non pas le contraire.

En pratiquant la respiration par les os, on se rend compte de la puissance qui nous habite, la force divine est présente dans nos cellules qu'on le veuille ou non. Tout l'art de vivre consiste à trouver un terrain capable d'accueillir ce mouvement Comment ne pas croire que le spirituel joue un rôle déterminant dans une guérison ?

PSYCHOPHANIE

Je choisis ta main pour parler et un clavier pour tout dire d'A.M. Vexiau

Et comme application à tout ce qui précède, je vous suggère la psychophanie, dérivée de la « communication facilitée, mise au point en Australie pour les personnes hadicapées et développée par Anne-Marguerite Vexiau.

La psychophanie s'est « imposée » à moi sous les traits d'un jeune homme hadicapé de 18 ans qui exprimait tant de richesse par son seul regard. Tout d'abord craintif comme un petit animal sauvage, sa respiration forte dévoilait le trouble et l'inquiétude dans laquelle il se trouvait en venant chez moi pour la première fois.

Après quelques instants « amour » il se calma et me laissa opérer sur lui ma seule technique à sa portée : le massage holistique. Depuis, il revint à plusieurs reprises, sa maman estimant que cela lui convenait et le calmait. Mais je n'étais pas vraiment satisfaite, car il me semblait vouloir s'exprimer, être « acteur » plus que lors du massage pendant lequel il avait beaucoup de mal à rester inactif.

C'est alors que je relus un second article sur la méthode d'Anner-Marguerite Vexiau ; elle m'avait déjà interpellée en son temps lorsque Nouvelles Clés lui a consacré tout un reportage ; mais les outils à ma disposition me suffisaient alors amplement. Ce fut vraiment pour Denis que je repris la route de l'école.

Depuis, je suis stupéfaite de ce que je découvre, stupéfaite et ' »rechigneuse » vient de me souffler celle avec qui je communique, presque malgré moi. Vady, c'est son nom, m'appelle à son chevet, alors qu'elle se mourrait d'un cancer. Elle était venue consulter quelques mois avant et je ne l'ai malheureusement pas revue jusqu'à cette matinée si belle et si difficile pour elle, pour ses parents, pour moi qui ne savait comment lui apporter quelque soulagement.

Quelques jours après, ayant rencontré ses proches amies qui me firent part de son état toujours plus désolant, je me mis à l'ordinateur, pensant pouvoir lui apporter de l'aide de la manière relatée par Anne-Marguerite Vexiau dans son second livre.

Sans trop y croire, je me voyais écrire et dialoguer avec Vady que j'exhortais à rester en vie, à 40 ans avec un petit bonhomme de 8 ans, on ne peut pas partir comme cela. Je vous laisse lire les messages qui disent par eux-mêmes, ce qui se passa alors :

Vady est décédée le 28 Mai 2004

- Entre les parenthèse (italique et souligné) se trouve mon questionnement, je laisse les fautes de frappe témoigner de la spontanéité de l'écriture, d'une possible erreur d'interprétation et d'un souci d'authenticité.

Oui je suis la peine de ma vie ! mon cœur n'appartient à personne mes parents n'ont pas voulu moi, bulle de vie n est pas bienvenue frère de moi j'aime et qui me dira ce que je veux je ne sais pourquoi les rues de ma vie sont grises et dermées il faut bulle d'amour pour recevoir mes cris et je ne sais où la trouver (mais tu sais que tes parents t'aiment) oui je veux qu'ils disent à moi de vivre non (penses-tu à ton petit garçon) oui mais moi je ne peux rien faire pour lui je veux l'aimer (alors il faut vivre) je peux aimer quand même ci non non je suis déjà dans ma bulle d'amour celle où l'on me dit d'aller les autres ceux qui me suivent et qui m'entraînent oui mais il faut demander toi oui. Oui je suis bien dans tes doigts oui.

Vady, le 30/05/04 . . . .

Je suis gramme de mort de moi mais je veux revenir à vie – je peux dire que vie à forte impression sur moi mais ma nuque est trop raide encore – viens que je chante avec toi les doigts de vie de moi. Et quand les autres croient que je suis morte déjà moi je chante avec toi. La gourmandise de vie m'étreint mais je chante encore la tristesse des complaintes en moi. C'est dur de quitter les ombres de vie. Celles qui m'entraînent au loin de moi. Je mange des graines de vie avec toi. Et je peux revenir. (chaque jour avec un peu de temps on communiquera) oui les fèves de nous sont à l'étroit dans ce lit. Oui je vais être autre Vady. Dans mon cœur de mère il y a cette autre Vady. Mais ju'ai du mal à être elle. Gramme de mvie de moi ne sait pas que je suis ainsi faite de tout et de rien. La matière de moi est transparente derrière le voile mais je peux rester. Je vais faire. Communique c'est bien. Donne à moi liberté de vivre. Alors tu saura que moi je suis vie toujours . oui le mal se cache derrière les grammes de vie. ReTr   anscendance est difficile pour moi. Ok (accroches-toi à la vie)

Vady le 31/05/04)

Je n'ai appris son décès que deux ou trois jours après. Pendant longtemps j'ai culpabilisé croyant lui avoir rendu son départ plus difficile puisque je la retenais à la vie, c' est bien après qu'elle m'a fait comprendre que la vie était une ici et au-delà.

Oui c'est la transe de vie des étoiles que je vie – les fues sont étroites et viebnt de voir les miens. Je suis triste de penser que les autres ne me voit plus, la lumière m'étourdit

et je tompbe deans un ravissement de moi que personne au monde ne peut connaître – c'est la pluie d'orage de moi vers les nuages dans le ciel de ma vie. Je n'ai cure de vous à présent je connais l'amour de moi mais vous êtes dans mon cœur aussi. Le cœur de la vie a grandi pour moi c'est ainsi que vont les choses et les grammes de vie de mon coprs sobnt dispersés d ans le vent et l'oubli . C'est bon de vivre encore, je roucoule dans ma terre et le monde passe sans me voir. Oiseau de cage det d'oubli ce n'est pas moi, je vole versz la vie et le centre de moi est court de voir toi. Oui je veux dire que la tige des fleurs est comme moi. Trop dans la terre encore. Les gens que j'(aiment m'en empêchent encore oui oui oui père de moi a oser vilipender les roses mais je dis que tout est possible de moi. Les fleurs de moi trouvent la terre trop profonde et le cœur est long à comprendre mais je vais voir ailleurs. LUMIERE
Vady le 1/06/O4

. . . .

Je sui bien, je veille sur tous et ma joie est profonde, je n'ai plus besoin de doigt ce vie de toi. Sereine je suis. Je peux lers voir partout autour de moi (les tournesols) merci parce que tu ne sais pas ce que je vis j'ai paix. Oui

Vady, le 2/06/04

. . . .

Oui mais maintenant je peux à nouveau te dire que ma vie file aussi vite que les étoiles je veux dire que la tristesse n'est pas de mise je ne savais pas mais maintenant je comprends pourquoi je suis partie les autres devraient comprendre aussi dis leur toi – tu es juste n'ai pas peur c'est beau et pas difficile de voir toi   tu dois crorire en toi ton corut azpprend à faire avec moi tu verras – (j'ai tellement peur de ne pas être juste, je n'ai pas le droit de faire faux) tu ne fais pas fausse route les rues de toi m'entraînent vers moi et c'est bon. C'était pause mais maintennant je suis à nouveau gourmande de dire les choses avec toi (pardonnes moi je croyais que tu pouvais être égoïste) essayer on peut mais de suite appeler à l'ordre de l'amour et les grands nous semblent dire les choses bien et c'est cela que je veux être, (mais tu étais déjà quelqu'un de bien)mais encore mieux c'est le long cheminement des âmes et cela ne comportent aucun risque. Le risque est grand de ne pas faire alors tu dois dire les choses de moi. Père doit entendre de moi (que lui) qu'importe mais il faut dire les ventres de vie. C'est l'utérus de toute vie dans l'univers. La follie de tes doigts est joyeuse pour moi mais je vais laisser toi aux choses de vie de toi. (à demain Vady, mais ne m'en veut pas si j'oublie) pas la peine de dire le temps est court pour toi. (merci mon cœur vibre de notre relation) je suis moi sereine de vie. (merci. J'ai peur pour toi à cause de l'incinération) pas de peur dans le ciel de la vie tout est calme et serein. (merci)

Vady le 3/06/04

****

Oui (il me semble qu'il y a un décalage de temps dans notre conversation) tu sais bien pourquoi, mais il me semble que toi tu veux faire des choses mieux – le je suis bien et la rose de vilipandage n'est plus là dis à père de moi que tout est bien je l'iame les rustres de vie sont morts et voilà le s faits de ma vie que tu dois entendre. C'est encore de la vie ne pas croire les petites choses il faut grandir et ma route est encore longue comme la vôtre. Entourée de vous je suis et mon petit garçon aussi. Je peux veiller sur lui ici et les routes sont moins dures, quelle drôle de choses de voir ainsi les vies c'est chose curieuse que la terre de nous et de croire les ventres vides. Parler mer fatigue un peu et toi aussi – reviens bientôt,

Vady le 5/06/04

· ·

Etreint le corps de moi par les doigts de vie ce n'est pas en pensant les choses que l'on va mieux c'est en faisant et toi tu fais. Mais que le vie nous apprend à rester dans vase de moule de cœur c'est en vain que l'on essaie de sortir et là tout me semble mieux mais jpar la voix demon père il faut voir par ce que moi je suis triste de lui il faut lui dire de me clouter au bord des chemins ed' vie c'est la bave royale de moi qui vitre dans tes mains (pourquoi ce mot) c'est ainsi que je dis les couleurs de coulée de moi viol et est étrange mais c'est ce qu je vois de toi – mère pense que je suis patie sans elle et toi tu peux dire que je suis là mais ça va vite pour toi et tu comprends que les risques ne sont pas là. C'est cioulée de moi qui importe, va dire. Lamité de croire que tout est fini la route ne s'arrête pas et triqste quelquefois de rester là. Joie de dire que je peux encore aider. Lune de vie et garço n que j'aime Autrefois lourd à porter le sens de ma vie et à présent je suis légère de croyance et je peux faire. Croire cela. C'est bon de parler et je ne veux plus m'arr^ùeter d'user tesz doigts macyhi_ne de vie pour moi. Un gain pour mieux comprendre les choses. Prouve cela. Tu dois joie. Ne rehcigne pas.

Le (pardon)éxcris nom de moi Vady, le 7/06/04

· ·

Enfin te voilà sous mes doigts, c'est drôle de dire les choses et puis les autres que j'aime vont savoir de moi la vie que je mène n'est pas triste et déjà je songe à ceux qui sont avec toi ; je contemple le vide autour de moi qui me semble léger et doux sans pour autant dire que je suis là. Dis que je suis voile d'aémour sour eux et que mon cœur s'envivre d'eux et que je suis enfin ce que je suis depuis toujours av'ec mes douleurs de vie qui m'ont quittées et n'ont plus de sens la vie pourtant s'écoule aussi mais dans le creux du jour où^lon ne peut voir de toi. (question) je sais et pourtant tu fais parce que tu sais que tes doigts me trempent d'amour c'est faute de mieux non ? mais ne court pas devant laisse faire moi. Calme toi ai-je dit dses fois et c'est vrai. Mais calme . (peux-tu me dire quelque chose par rapport à samedi jour où tes cendres seront dispersées ?) calme c'est tout ton monde est sur le chemin du retour et moi je suis déjà arrivée. (pour François, demain ?) calme et merci de lui mais ne restes pas en vain de paroles car les routes de nous sont longues et tristes (quelles routes ?) celles qui nouds mènent à deux il faut partir de la vie pour comprendre. (merci Vady)

Vady, le 23/06/04

. . . .

(est-ce-que je peux montrer nos conversations à François ?) oui vie de lui veille à comprendre - dire à lui belles choses de moi qui ne sait faire – (ce que tu fais est super) grâce aux doigts de vie je coule et m'enroule en toi c'est bon de dire les choses de vie mais e pas croire que toi tu bouges c'est ainsi malgré la bave de vie de merde et puis c'est quand même chouette. C'est marron de croire les suites finies c'est une dose d'amour de moi qui coule dans les mots et je pense et je vis et comme ça les autres le sauront. Pas de grâce de toi il faut faire et c'est bien. Dans le cœur du monde il y a toi il y a moi et les autres quoi d'autres ? c'est ains que vont les doigts de vie. Caprice de dieu de croire à ,a mort vie différente c'est tout. Mais je pourrais ne plus arrêter les mots tellement c'est bon, toi tu donnes à moi la sève de tout et je coule encore dans la rivière de vie. (tu me donnes aussi une grande connaissance) c'est bien ainsi et continue de dire les mots. Quantirfier les chnoses ont ne peut il faut faire c'est tout. (pardonnes-moi mais je vais m'arrêter maintenant) c'est bien.

Vady, le 24/06/04 Merci

. . . .

Ne pas dire n'est pas souffrir pas de peine de toi ! mais heureuse d'être à nouveau sous tes doigts, c'est le signe de la vie de moi mais c'est ainsi de dire les choses de vérité de vie. Calme est la forme de ma vie et puis je bouge pourtant de tout et c'esxt bien. C'est la ruine des choses de moi qui engendre la peine mais c'est drôle et ne pas croire que les chosres arrêtent le cours c'est ainsi que je peux dire et encore avec toi mais ne pas avoir de peine c'est moi et je suis bien. Calme ne pas croire que c'est gfrave seulement la joie de dire mais c'est bien. Vivre et encore c'est toujours ainsi et clalme de croire mais 5 doigts ne suffit pas à dire combien le jeu est beau silence et paix penser (le mot était de toi) oui « cascade de moi dans repli du temps » c'était fête de moi. Pas besoin de plus c'est bien dire à père et mère que tout est bien. Merci

.Vady, 5/07/04

. . . .

Calme toojours mais la vie s'écoule sous les doigts comme l'encre de machine c'est jeu de dire dela. (tu aimes) oui parce que le temps est là de faire mais ne pas croire que c'est trop simple le s cœurs s'ouvrent à la vie de moi de toi des autres et croire cela. Qualité de mot et emps de dire mais odur de trouver toi quelquefois cœur ouvert c'est tout beau et joie c'est simple mais la matière dense et traverser cours de vie est vbeau caresse de ventre et d'âme de moi et de toi et de tous dire à eux cela calculer les dates de vie de mort est jeu d'humains et clownerie de vie mais les doigts fusent et disent calme de toi rien n'est grave et comme moi rester dans l'attendre de tout. Tu peux dire longtemps et toujours c'est bien. Frère est clown et j'aime lui fils est dans moi et moi dans lui pas besoin de dire beaucoup.

Vady 6/07.04

. . . .

(Bonjour Vady, j'ai honte de venir à toi avec autant de doutes et si peu de foi)
cakme est le temps qui court sous tes doitrs et ce n'est pas la peine de pleurer ; sans la
vie du monde qui court ce n'est pas grave et puis tu me dis que tu ne peux pas y
croire, c'est tant pis mais je ne peux te parler ainsi – il faut foi pour cela ;(pardon)
n'empêche que les êtres longs du fleuve de la vie sont emprunts de folie et tu dois
savoir qu'il faut peut-être les sortir de là. Tu gf fais et c'est tout, croire cela.Quel
monde est le bon celui où tu vis où le mien ? c'est le même chose , il faut croire cela.
Pardelà ces mots qui courent sous tes doigts il y a moi dans l'amour de toi et de tout –
ce n'est pas la peine de biler pour cela tu dois dire cela, la vie qui s'écoule de moi,
pas de souci pour cela tu dois dire cela. Faire, c'est tout. Ne pas penser au résultat,
c'est faux de dire que c'est manque de foi. Faire de toi ce que du tu dois et ne pas
tergiverser toujours. (dois-je prendre contact avec toi ?) tu le peux et c'est bien.
(merci de passer par mon cœur, c'est ainsi que je te reconnais) tu vois tu souris déjà.
Le cœur est la seule issue de monde. Le reste est caca. Fioriture de culture mais la
beauté est nécessaire au cœur. Il se reconnaît en elle. La souffrance n'est que son pâle
reflet. Il faut croire cela. Plus tu souffres, plus c'est beau. Tu ne peux refuser cela,
c'est une vérité. (alors pour toi ce doit être très beau ?) oui et je suis heureuse de te le
dire. (je pense à ta maman qui a tant de mal) heureuse elle sera près de moi, mais elle
doit conduire fils près de la vraie vie de moi. Elle comprendra. Que je suis partie
poiur elle et non pas sans elle. (je trouve que c'est dur de dire cela) mais non rien
n'est dur, c'est papillon de vie qu'il faut croire de moi. (tu veux dire que tout est léger
à présent ? et la profondeur des choses de la vie ?) elles sont présentes dans la
létgèreté de moi ; ce n'est pas caillou de coroire, c'est léger transparentes les choses
de la vie gantée de douceur et de doigté de toi. Mais où roulent tes doigts, je suis.
C'est beauté nécessaire tout cela. Va dure (merci)

Vady le 17/07/04

. . . .

Bonjour toi, tu crois que je peux attendre asni que tu me prennes dans tes doigts, mais la vie est re chigne de toi, (pardon) c'est tellement beau de dire que je vis et toi tu ne veux ; (pardon) calme tout de même ce n'est pas grave. Dire à françois que je suis là toujours à veiller sur lui et que ma peine n'est plus ; il faut cr'oire cela. Les enfants me prennent dans leurs cœurs comme des oiseaux de proie d'amour et c'est bon. Les nuages de ma vie n'existent plus , je suis claire et transparente comme l'eau de la montagne. C'est peine de moi de croire jque je ne vis pas, c'est l'engeance de la matière qui bouge. C'est cachée dans mes bois de cœur que je traîne mon cœur de vous ; c'est dans la matière dense que la vie bouge, ici tout est calme et serein ; dis leur ; par la barbe de mon cœur, c'est ainsi. Que de mouvement de doigtrs est bon et sincière de toi de moi et ne retient pas les doigts, c'est moi. Mrtvi merci de croire cela et dire ;, sincère et beau et motus de moi n'est pas bon. (pardon) f aire les choses bien et ne pas rechigner tu dois. Je prerespire par toi ; (mais tu n'as pas besoin de moi pour être toi) non mais pour chercher la maitière dense sous tes doits ; (mais tu n'en'as plus besoin) non, mais c'est bon de faire. Cela donne maitière à esprit. Comprendre les choses ainsi est plus que ne pas faire. Ne pas faire reste serein, c'est tout. (A beintpot, merci)

Vady le 11/08/04

Depuis lors, j'ai fais quelques expériences intéressantes parmi lesquelles celle d'une patiente qui venait pour une séance d'hypnose tout en sachant que je pratiquais la psychophanie. Il se produisit la chose suivante que je n'ai jamais observée jusqu'alors : installée en transe hypnotique, elle refusa tout net de travailler avec moi. Je lui proposais de passer à la psychophanie pour ne pas la laisser dans l'embarras, ne comprenant pas ni l'une, ni l'autre, ce qui se passait. J'en profitais pour poser la question suivante : savais-tu que j'allais te proposer la spychophanie si tu refusais de te prêter aux investigations hypnotiques ? la réponse fut oui, bien entendu !

Une autre fois, il faut que j'explique comment se déroule une séance d'hypnose : après l'induction en transe hypnotique, je demande à l'esprit profond de la personne s'il veut bien travailler avec moi, pas de réponse ! je réitère la question, quatre ou cinq fois, sans plus de succès, même après avoir menacé d'arrêter la séance en question ! je commence à sortir le sujet de son état de transe, et voilà qu'à moitié chemin, il répond « oui ». trop tard, il fallait revenir ici et maintenant. Mais cela me préoccupait, cet inconscient qui tout de même me répond affirmativement, je ne pouvais le laisser partir comme cela. Je lui propose donc une séance de psychophanie et là ce fut un vrai régal pour elle.

J'en déduis que l'inconscient de ces deux personnes savait déjà ce qu'il voulait en venant chez moi, il connaissait l'outil qu'il voulait employer.
Je reste très confuse et interloquée de ce qui se passe. Cala va si loin qu'il faut me hisser à la hauteur de ce que je fais. C'est si déconcertant de ne rien comprendre à ce qui s'écrit sur la feuille blanche et de voir des résultats concrets et positifs dans la vie des gens.

Cela dérange quelque peu mon esprit rationnel, qui pourtant est rompu à tout ce qui est énergie subtile de par mes autres fonctions. Mais les repères sont de l'ordre de l'inconnu. Dans quelle mesure peut-on offrir à quelqu'un quelque chose qui reste impalpable, incompréhensible ?

Bien-sûr, mes relaxations coréennes, mes massages holistiques nous entraînent, mes patients et moi-même dans des énergies inconnues pleines d'émotion où le cœur est roi. Mais là, il s'agit de l'intellect en fonction, touchant de si près ce cerveau droit si mystérieux, lui offrant des mots écrits qui devraient être soumis à la maîtrise de la pensée cognitive. Mais ils ne le sont plus, ils s'échappent de cette camisole créée par l'apprentissage social et se mettent à danser sous nos doigts comme les notes d'une musique folle. Une nouvelle partition se joue entre les musiciens de la vie ; celle où le chef d'orchestre dirige sa troupe en toute confiance, dans une improvisation universelle.

Lorsque je dis que je dois me hisser jusque là, c'est un cri d'humilité, suis-je digne de jouer dans un tel orchestre ? Il ne me reste plus qu'à faire mes gammes. Merci Anne-Marguerite d'avoir osé cela, d'avoir ouvert la voie à tous ces handicapés, qui j'en étais persuadée depuis toujours, ont tant de choses à nous apprendre.

J'aimerais rajouter une pensée spéculative sur cette approche thérapeutique : il me semble que les mots qui s'inscrivent sous nos doigts donnent naissance à une action embryonnaire déjà inscrite dans l'univers, il s'agirait réellement d'un passage d'un état inconnu dans la matière. J'en veux pour exemple mon expérience personnelle :

La seule séance de spychophanie que j'ai faite, il y a un an de cela, à laquelle, je n'ai absolument rien compris, s'est révélée dans un rêve que m'a raconté ma mère, un rêve qu'elle a fait chez moi et qui contient la substance de mon discours qui me paraissait incompréhensible alors. C'est comme si les sé »ances mettaient en route un mécanisme de croissance… toujours positif, le détail est d'importance ! Curieuse découverte qui ne mérite pas mieux que de la suivre… où va-t-elle nous mener ? Mais comme je l'ai déjà dit, la question semble plus importante que la réponse.. Si nous avions réponse à tout, pourquoi poserions-nous des questions ? Et l'on ne grandit qu'en posant des questions. Connaissez-vous un seul enfant qui n'en pose pas ? Les enfants handicapés nous remettent en question sans cesse, ils sont l'incarnation du questionnement. Il n'est donc pas étonnant qu'on leur doive cet outil qu'il faut savoir manier avec grand art, beaucoup de précaution et encore plus d'amour.

CONCLUSION

La réconciliation

Revenons aux sources originelles émanant des Celtes. Ils nous ont transmis leur savoir par les runes qui invoquent sans différence Dieu ou Lucifer, ne voyant dans ce dernier qu'un ange déchu et ainsi se situant par de là le bien et le mal.

Et si Dieu avait vraiment déposé en nous sa toute puissance ? et s'il ne tenait qu'à nous de pardonner enfin à Lucifer et de lui faire regagner le rang des élus ? qui oserait s'y essayer ?

Le très beau film de R.Polanski " Rosemary's baby " nous montre de quoi est capable l'amour d'une mère.

Dieu dans sa miséricorde nous a laissé le libre-arbitre, ne nous soumettant ainsi, ni complètement au bien, ni complètement au mal. Implicitement, n'a-t-il pas donné à Lucifer le moyen de se racheter ?

Si l'inconscient collectif voulait bien arrêter de le condamner sans cesse, lui imputant toutes les atrocités perpétuées par l'humain. Si l'inconscient collectif voulait bien prendre en compte ce qui lui revient de droit, au lieu de rejeter sa responsabilité sur un plan qui lui échappe totalement, peut-être arriverions-nous à gravir les échelons de notre évolution. Peut-être arrêterions-nous de bloquer les énergies à un stade de l'aventure définitivement programmé.

Il suffirait pour cela d'un peu de courage et de beaucoup d'amour, pour croire que l'on peut en offrir même au diable.

Le jeu en vaut peut-être la chandelle ? A nous de raviver la flamme par des exercices quotidiens tout en économisant la chandelle.

Il est effrayant de constater que les hommes ont toujours vécu par procuration. En clouant le Messie sur le croix, ils se sont lavés de leurs péchés, en enfermant des "fous" comme A. Artaud, ils ont ignoré un regard lucide sur la société qui leur aurait permis de rectifier le tir. On fête Sœur Térésa pour se donner bonne conscience sans avoir à sortir de son confort social, et surtout, on n'offre aucune prise à des critiques constructives qui pourraient mettre en péril l'ordre établi. Tout est tellement figé, que de temps en temps, la terre nous rappelle que la vie est mouvement et que ce mouvement dépend de nous. Tout est en interaction perpétuelle

Le nouveau né n'était pas bien ce jour là, cette diarrhée durait un peu trop, il y avait du sang dans les selles. Couché sur son oreiller, prêt à être changé, il perdait sa jolie couleur rose, ses yeux se fermaient, il ne bougeait plus. Curieusement, la maman n'avait pas peur, elle était sereine et doucement lui parlait, lui disait qu'il devait rester là "ne pars pas mon bébé, reste avec moi" et ses mains le caressait doucement de la tête au pieds. C'est son visage qui rosit en premier, puis il ouvrit les yeux.

Je crois bien que c'est la seule fois de ma vie où j'ai été moi-même, pleinement consciente.

C'est vous qui avez fabriqué votre maladie, c'est donc vous qui êtes parfaitement capable de vous guérir. Le miracle n'est pas là où on l'attend. Il est dans l'absolu abandon de soi qui se trouve être paradoxalement une conscience totale de soi. Il n'y a pas de place pour le doute, c'est une dimension faite de sérénité et de confiance. Le véritable talent consiste à savoir délimiter le champ d'action de chacun, dans une interaction permanente entre Dieu et soi-même. Et par ailleurs, développer une grande vertu, la patience.

Le grand silence de Dieu est dense et immuable, nulle crainte à avoir, il accueille tout le monde. Il s'y passe quelquefois de belles rencontres, je vous les souhaite nombreuses et nourrissantes.

Une dernière mise au point :

Il est curieux de savoir que les physiciens ont donné au concept de "message" le nom de "démon de Maxwell". La connaissance serait-elle effectivement diabolique ?

Lucifer est un ange de lumière qui symbolise les ténèbres ; peut-on trouver pire paradoxe ? La vérité étant le point d'équilibre entre toutes les oppositions (sagesse Celte), on peut continuer notre réflexion pour arriver à comprendre que la solution se trouve dans la synthèse, car diable , étymologiquement, signifie diviser et symbolisme signifie relier. Que dire de plus, à vous de jouer…

J'aimerais revenir sur le mot "néant" qui dans certains esprits occidentaux sonne négativement. Il suffit de se demander ce que deviendraient les mathématiques sans le "zéro" - nombre actif par excellence –

La prière active se retrouve en puissance dans la méditation. Il ne s'agit pas de faire abstraction de soi, mais de se rendre transparent, afin d'atteindre cette dimension qui n'exclue personne, parce qu'elle n'a aucune limite.

Les thérapies nous aident à trouver ce point zéro où fusionnent le corps et l'esprit pour mieux se ramifier et diffuser vers l'infini. Il s'agit de l'âme qui ne connaît qu'une seule nourriture : L'Amour, point sublime. Il contient le Yang centripète et le Yin centrifuge. C'est la seule voie de salut et de compréhension universels. Une pensée habitée par l'amour voyage de thèse en antithèse jusqu'à une épuration, à une simplicité sans limite, jusqu'à l'évanouissement de l'égo, jusqu'au rien qui n'est rien moins que le grand tout: le néant.

"...*Presque n'importe qui peut faire, presque n'importe quoi. J'ai entendu beaucoup d'imbéciles faire l'éloge de l'intelligence, j'ai entendu beaucoup de crapules en appeler à la vertu, j'ai entendu des tyrans, qui faisaient chanter des hymnes à la liberté . Tout ce qui surgit sous les cieux n'a jamais aucun sens. Il n'y a que le vide qui gagne, le silence et l'absence. Donnez des outils à des hommes, ils bâtissent des choses immenses, dont ils tirent beaucoup d'orgueil.*

Le temps passera, tout s'écroulera. Personne ne se souviendra, des événements et des noms que les tombeaux et les temples étaient sensés éterniser. Le temps qui passe et l'oubli sont plus forts que le souvenir. Si vous voulez vaincre le temps, la mort et l'oubli, il faut chercher plus loin...

Comprenez-vous que tout tombe et que les pierres s'écroulent?
Comprenez-vous que le souvenir qui s'attache à ce qui se passe est un souvenir condamné ?
Comprenez-vous qu'il y a quelque chose qui est plus fort que la vie : c'est la mort, quelque chose qui est plus fort que la parole : c'est le silence, quelque chose qui est plus fort que la présence : c'est l'absence.
Il faut confier la mort à la mort, le silence au silence et l'absence à l'absence.
La se^ule tombe...doit être l'esprit des hommes qui se succèdent dans le temps, l'iio$ùagination qui n'en finit jamais de renaître de ses cendres, et le souvenir du souvenir... La seule chance de survivre est de disparaître.

(histoire du Juif Errant, J. d'Ormesson)

Affranchi d'une dualité présente dans toute réflexion, on arrive à une tolérance et à un mariage d'amour universel. Mais tout cela tient d'une utopie de visionnaire... quoique...

C'est la chaude loi des hommes

Du raisin, ils font le vin

Du charbon ils font le feu

Des baisers ils font des hommes

C'est la dure loi des hommes
Se garder intact malgré

Les guerres et la misère

Malgré les dangers de mort.

C'est la douce loi des hommes

De changer l'eau en lumière

Le rêve en réalité

Et les ennemis en frères.

Une loi vieille et nouvelle

Qui va se perfectionnant

Du fond du cœur de l'enfant

Jusqu'à la raison suprême.

Pouvoir tout dire – Paul Eluard

EPILOGUE

Il y a dans la vie de chaque chose son contraire.

Mes pensées ne sont pas vos pensées, et mes voies ne sont pas vos voies

Isaïe 55,8

ET SI DIEU FAISAIT DE LA PNL ?
(à propos de Kreyon)

C'est la question que je me suis posée après avoir lu les 6 livres de Lee Carroll, économiste de son état et channel de surcroît.

Mais après mûre réflexion :

« Fiche moi la paix avec ton Dieu, il n'existera que lorsque tous les hommes y croiront ».

Le ton était sans équivoque. Imparable argumentation d'un gamin excédé par les leçons métaphysiques de sa mère, qui ont pourtant porté leurs fruits… c'est le moins que puisse suggérer cette phrase dite de bon matin, après une nuit de sommeil dans la maison familiale propice à l'anéantissement du stress citadin. La densité du silence vous envahit dès que l'on arrête le moteur et que le chien achève de vous assaillir de son affection. Il se peut qu'un des chats viennent troubler l'écoute religieuse de nos sens, mais aussitôt satisfait de vos caresses, il vous laisse libre de goûter à la sérénité des lieux. Immergé dans ce havre de paix, la nuit sera forcément peuplée de bons esprits vous prodiguant soins et conseils.

Cette phrase proférée par mon fils, fut pour moi le déclencheur d'une réflexion pourtant déjà bien entraînée.

Dieu n'est pas à l'intérieur de nous (j'entends encore Mme de Souzenelle me dire que je n'avais pas le droit de dire cela ; pardonnez-moi Annick si je maintiens cette affirmation qui se veut provocante pour mieux tracer le chemin vers Lui, et lors de la rencontre, il s'agira de Lui laisser toute la place) il faut Le chercher alentour ,(théorie du dédoublement). Nous sommes tous des dieux, au potentiel bien ramolli par manque d'exercice ; mais il n'en reste pas moins que les ressources existent. Il suffirait de les rendre disponibles. Il y a bien assez d'outils de développement personnel pour que notre affaire aboutisse. Ce n'est pas ce qu'il y a de plus difficile !

Le plus difficile, voyez-vous c'est de s'entendre. Car des humains qui se font la guerre, ce n'est pas réjouissant, mais lorsqu'ils seront des dieux, qui proclameront chacun leur définition du paradis ? Avec quelles armes argumenteront-ils leurs débats ? Nous avons eu quelques échantillons en service, souvenez-vous ; leurs idéologies se valaient en cruauté et en intolérance. Parce qu'ils pensaient être inspirés par Dieu. Mais Dieu n'inspire pas les hommes, Dieu EST tout simplement. Il peuple l'univers de son omniprésence. Il est ce qui relie les hommes et non ce qui est dans les hommes ; c'est l'espace qui se trouve entre les atomes, c'est le vide. Avez-vous remarqué que la sérénité se trouve rarement dans l'action, mais dans son achèvement. On ne jouit pas de ce sentiment pendant que l'on agit, mais juste après l'accomplissement du geste juste et authentique ; au sommet du « jugement ». C'est là que tout se joue. Parce que c'est à ce moment là que Dieu intervient.

C'est le résultat immédiat et concret d'une action qui se ramifie dans l'univers. Ce laps de temps avant que l'on reprenne notre destinée en main, Lui appartient.

Il faut apprendre à respirer ensemble Lui et nous. Il vit dans l'apnée, après l'inspire et l'expire, là où notre souffle va et vient. La barrière c'est notre égo si puissant. C'est souvent Dieu ou moi, mais rarement Lui et moi.

Certes Dieu est immanent mais cette immanence s'inscrit jusque dans la séparation. Il faut bien comprendre que pour retrouver l'unicité, il nous faut transcender notre état d'être humain construit dans la dualité.

Je suis pourtant entrain de lire les messages de « Kreyon » qui m'ont transporté dans un univers qui me donnait enfin le pouvoir auquel j'aspirais depuis longtemps : celui de « faire ». Mais il me semble que l'abandon du pouvoir est la seule issue de paix et de croissance spirituelle.

Où donc cette aventure va-t-elle me conduire ? je viens d'expérimenter la réalité de l'inconscient créateur. Le lendemain d'une séance d'hypnose, j'ai eu un message téléphonique du sujet ou plutôt de l'inconscient du sujet, puisque ce dernier m'assurait ne pas m'avoir téléphoné ; parole que je ne mets pas en doute.

Le paranormal m'a toujours paru normal, mais ce n'est pas le cas pour tout le monde. Comment douter qu'il y a infiniment plus que ce que nos sens savent appréhender. C'est une évidence et cela devrait suffire à rendre les hommes tolérants. Mais il n'en est rien, je vous l'ai dit, au fond de nous, siège une pulsion dévastatrice dont on n'arrivera pas à bout si l'on se recherche en soi-même. C'est dans l'autre qu'il faut se retrouver ; c'est le recul nécessaire à toute saine réflexion. C'est la résonance de ce que vous lisez qui est importante, non pas ce que j'écris. C'est encore Dieu qui va intervenir dans ce mariage énergétique de l'un à l'autre.

Pourtant ce rêve, ce grand rêve qui m'a valu une pulsion cardiaque de 140, où l'on me disait : souviens-toi de 3 mots : LIEN-DIEU et CORPS. Cela donne de l'importance à la trilogie. Ce n'est pas vers une négation de soi-même qu'il faut aller, mais vers une transparence, une fluidité dans l'interaction.

Dieu que cela est difficile.
Toute notre éducation judéo-chrétienne est là, rivée dans nos sens, dans notre pensée ; et elle ne s'avouera pas vaincue de si tôt ! De nouveaux paradigmes nous sont proposés. Par nos enfants surtout. Ecoutons-les, observons-les, partageons avec eux notre entêtement réciproque. Il en sortira l'homme nouveau, celui qui conduira la

Terre vers sa guérison. Ne déléguons plus notre responsabilité parentale. Les solutions sont toujours là en même temps que les problèmes. Kreyon explique cela très bien.

Dieu n'est pas en nous, Il y prendrait toute la place.

Mais comment donner substance à ce lien indéfinissable qui nous unit tous ?

Vous parlez de moi ? à quoi bon, je suis un processus d'intégration.

Avez-vous vu le film « Dans la peu de John Malkovitch » de Spike Jonze ? Dieu est le passage, après l'histoire appartient aux hommes.

Comprenez-vous enfin que Dieu a besoin de nous pour se réaliser ? l'incarnation est un acte d'amour divin, la souffrance fait partie du pacte, le masochisme étant le comble de l'amour.

Alors mon fils , cette définition de Dieu te convient-elle ?... commences-tu à y croire ?

Dieu est Amour comprenez-vous ? Il a besoin de nous pour aimer. L'être humain est tout à fait incapable d'aimer, sinon il ne ferait pas des atrocités innommables. Il les fait parce qu'il n'a pas tissé le lien avec Dieu. Nous existons pour que Dieu puisse nous aimer.

Si je n'avais pas compris tout cela, je dirais que je suis channel, mais ce n'est pas Sa volonté. Si je parle, je fais forcément agir mon égo, aussi transparent soit-il. Dieu est silence. Dieu n'est pas sans nous. Il nous a créés pour que nous Lui donnions conscience d'exister.

Nous sommes issus de Lui et Il est issu de nous. Comme un bébé dans le ventre de sa mère ; la mère naît en même temps que son bébé. Nous sommes en constante gestation spirituelle. Sauf lorsque nous refusons cette relation. La liberté nous appartient. Dieu c'est l'amour absolu et parfait. Il devrait se suffire à Lui-même.

Mais c'est si bon d'aimer ! Dieu connaît le désir, c'est le moteur de l'évolution. Lorsque nous aurons trouvé la relation parfaite entre Lui et nous, nous serons immortels. Mais pour cela, il faut commencer par lever tous les tabous. Avez-vous remarqué que les deux sujets qui font le plus peur, sont le sexe et la spiritualité ? On en rit, on en pleure, mais on ne sait en parler simplement. Comment dans ce cas, l'homme peut-il évoluer ? le langage représentant son degré de culture. Et dans ces deux domaines précis, la culture reste marginale. Quelques initiés savent en parler et encore peut-on se demander si leurs actes sont en cohérence avec leurs pensées. Le sixième sens s'éveillera lorsque les cinq autres seront épanouis.

Comprenez-moi bien, je ne cherche pas à démolir le phénomène « channel » que je respecte absolument. Je cherche tout simplement à le comprendre, à le cerner avec ma pauvre capacité humaine. Les fils de l'égo sont ténus qui nous préservent de la subjectivité. D'ailleurs elle me paraît indispensable, une définition objective n'existe pas tout simplement. La physique quantique l'a prouvé.

Imaginez la musique sans BACH, la peinture sans CHAGALL. Ce serait Dieu sans nous. Nous sommes son faire-valoir. Acquittons-nous de notre tâche. Le lien est nécessaire pour actionner le mécanisme. Offrons notre chair à Dieu comme il nous a offert la Sienne en s'incarnant en Jésus. Jésus n'était pas channel, il était Dieu.

Nous sommes tous une partie du puzzle divin. Quand toutes les pièces seront placées peut-etre le jeu s'arrêtera-il ? Dans une douce béatitude de non existence ou bien recommencera-t-il avec d'autres paradigmes, avec, cette fois ci, tous les attributs divins qui nous sont destinés ?

« L'habit d'un homme et le rire de ses dents, et la démarche d'un homme annoncent ce qu'il est « (ecclésiastique 19,30) par opposition : l'habit ne fait pas le moine.

C'est dans l'articulation que se trouve la clé de l'évolution. C'est là que se joue la réflexion – c'est là où l'énergie prend le temps de se transmuter. « La vérité étant le point d'équilibre entre toutes les oppositions » que de sagesse dans cette superbe phrase.

J'ai écrit ce texte non pas pour diffamer qui ou quoi que ce soit mais en hommage à tous ceux (scientifiques, chercheurs de tous bords) qui travaillent dans l'ombre, face à des persécutions de tout ordre et qui n'ont aucun moyen de faire du business.

Pour eux, pour nous, ce beau texte d'un auteur anonyme :

Désirs

Allez tranquillement parmi le vacarme et la hâte, et souvenez-vous de la paix qui peut exister dans le silence. Sans aliénation, vivez autant que possible en bons termes avec toutes personnes. Dites doucement et clairement votre vérité , et écoutez les autres, même le simple d'esprit et l'ignorant ; ils sont eux aussi leur histoire. Evitez les individus bruyants et agressifs, ils sont une vexation pour l'esprit. Ne vous comparez avec personne : vous risqueriez de devenir vain ou vaniteux. Il y a toujours plus grands et plus petits que vous. Jouissez de vos projets aussi bien que de vos accomplissements. Soyez prudents dans vos affaires car le monde est plein de fourberies. Mais ne soyez pas aveugle en ce qui concerne la vertu qui existe ; plusieurs individus recherchent les grands idéaux, et partout la vie est remplie d'héroïsme. Soyez vous-même. Surtout n'affectez pas l'amitié. Non plus ne soyez cynique en amour, car il est en face de toute stérilité et de tout désenchantement aussi éternel que l'herbe. Prenez avec bonté le conseil des années, en renonçant avec grâce à votre jeunesse. Fortifiez une puissance d'esprit pour vous protéger en cas de malheur soudain. Mais ne vous chagrinez pas de vos chimères. De nombreuses peurs naissent de la fatigue et de la solitude. Au-delà d'une discipline saine, soyez doux avec vous-même. Vous êtes un enfant de l'univers, pas moins que les arbres et les étoiles ; vous avez le droit d'être ici. Et qu'il vous soit clair ou non, l'univers se déroule sans doute comme il le devrait. Soyez en paix avec Dieu, quelle que soit votre conception de lui, et quels que soient vos travaux et vos rêves, gardez dans le désarroi bruyant de la vie la paix dans votre âme. Avec toutes ses perfidies, ses besognes fastidieuses et ses rêves brisés, le monde est pourtant beau. Faites attention. Tâchez d'être heureux.

ANNEXE : L. U. G. ET RUNES

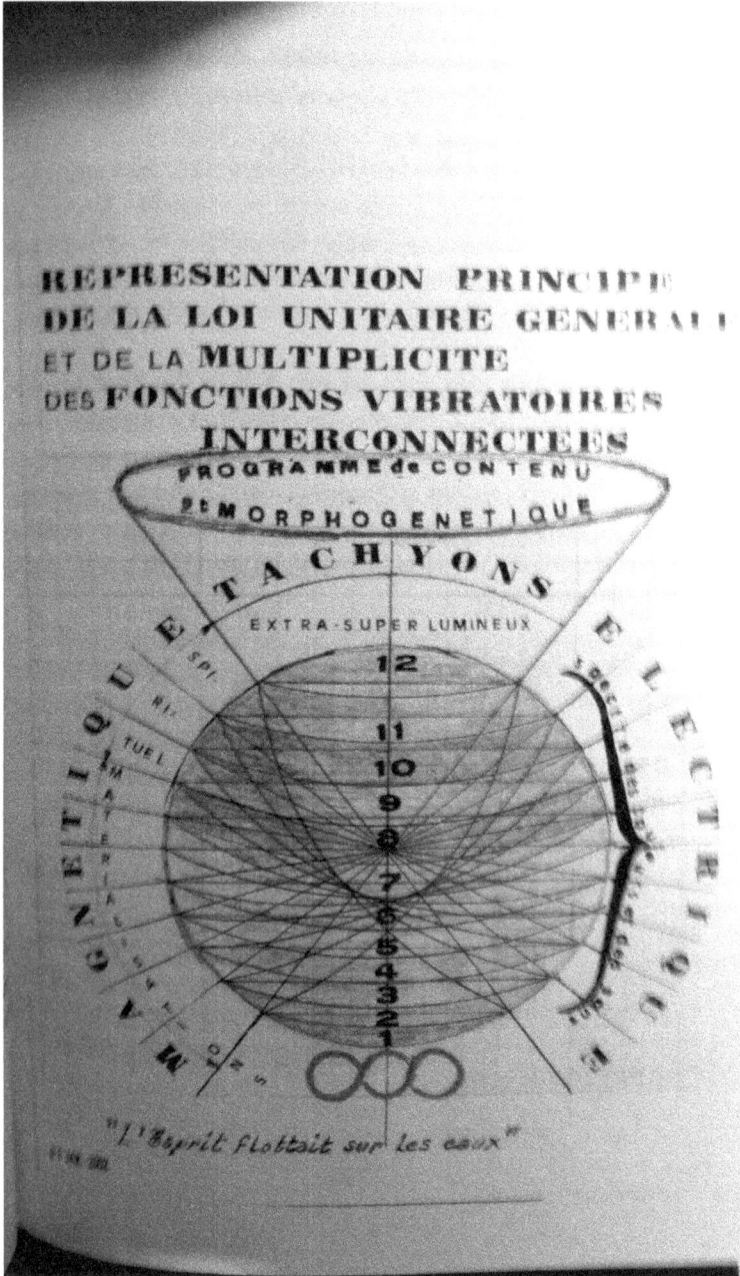

REPRESENTATION PRINCIPE DE LA LOI UNITAIRE GENERALE ET DE LA MULTIPLICITE DES FONCTIONS VIBRATOIRES INTERCONNECTEES

PROGRAMME de CONTENU et MORPHOGENETIQUE

TACHYONS EXTRA-SUPER LUMINEUX

"L'Esprit flottait sur les eaux"

Je rêve pour toi

En admettant que nous sommes assez purifiés pour nous exercer aux runes, prenez-en une série de 24 et posez-les face invisible devant vous en 3 rangées de 8 de gauche à droite.

Choisissez 1 rune dans chaque rangée et vous les poserez devant vous de gauche à droite.

Après lecture et interprétation de vos 3 runes vous en choisirez une que vous placerez sur un degré de la L.U.G. et là commence votre rêve.

Selon que vous le fassiez en solitaire pour vous ou en groupe.

Si vous êtes seul, il vous suffira de fermer les yeux et d'accueillir le message que vous délivrera votre rune.

Si vous êtes plusieurs, il s'agira de rêver pour celui qui aura placé sa rune sur la L.U.G.

Mais que représente donc cette Loi Unitaire Générale, mise au point par Daniel Christian Kerbiriou, chercheur de haut niveau qui a déposé celle-ci au 110ème Congrès des Sociétés Savantes ?

Ce schéma prend en compte tous les plans vibratoires d'un problème pour pouvoir le résoudre. En partant du principe d'incohérence vers le principe d'harmonie. Il se réfère à toutes les informations sur tous les plans (néguentropie).

Et voici l'explication de la naissance de la L. U. G. par Daniel Christian Kerbiriou lui-même :

LA LOI UNITAIRE GENERALE

Panacée universelle du fond des temps, ou inversion de valeur : la qualité remplaçant la quantité et l'oxygène, l'oxyde de carbone. Ou encore, l'homo sapiens devenu « maître des choses ».

Nous savons bien, qu'il est très difficile « in vivo » (dans le verre) d'observer de l'extérieur « in vitro » une situation dans laquelle nous sommes plongés. En l'occurrence, nous faisons référence à notre condition humaine, qui se dégrade à grande vitesse, sous la pression de la technostructure financière. Bientôt l'Homo Repetitus Aberrarae Non Evolutio (H.R.A.N.E.) aura disparu de cette planète !

Face à « cela », mortifère à l'extrême, que proposent « ceux de tous bords qui ont la parole ? Que des solutions répétitives qui ont toutes faites fiasco, notre situation en atteste ! Tels que nous sommes partis avec celles-ci, la chute inéluctable dans « le gouffre de la désintégration interne et externe » est pour demain !

Le drame devant cette échéance finale, est que ceux qui en toute éthique, promotionnent des solutions radicalement différentes et non entropiques, sont largement méprisés au même titre que leurs propositions ; quand ils ne sont pas, tout simplement victimes de tentatives de liquidation physique… N'ayons pas peur d'exprimer les manifestations de la vie et de la mort avec l'œil de la réalité :

Leurs persécutions, surtout en France « pays des droits de l'homme » sont proportionnelles au danger qu'ils représentent pour les forces destructrices, qui gouvernent encore le monde ! Ces forces, par nature spécifique, ne connaissent que « ce qui est dur et déjà mort ». Quand, en toute réalité physique naturelle, en corrélation avec la physique quantique, le « moteur de toute manifestation » est l'extrême vibrant et nageant dans l'invisible tachyonique.

Cet « invisible tachyonique » est au-delà de la vitesse de la lumière et plutôt « un état d'être » qu'autre chose. Cela peut approximativement se représenter, (voir schéma in fine), comme une échelle correspondant aux gammes des couleurs et des sons du « zéro » stagnant à l'infini « supra lumineux ». Ceci exprimé en toute relativité dans l'emploi des termes !

Tout cela pourrait être du délire, mais si pragmatiquement, à la portée de tous, cela devient d'opératif oourant, tous les paramètres de la réalité physique étant pris en compte, notre monde entre en expansion, au lieu et place de régresser. Cela n'est qu'une question de prise de conscience et de volonté !

Tout d'abord, un constat : notre monde qui est de toute éternité, multifactoriel naturellement, est distordu par une volonté hégémonique et paranoïaque (base de jugement faussée) de le faire fonctionner sous l'égide d'une contrainte univoque. Un exemple tiré du domaine social : les 35 heures pour tous, qui ne sont, telles qu'en elles-mêmes, que cautère sur jambe de bois ou prétendue thérapeutique purement symptomatique.

Par expérience, nous constatons aussi, que seuls ont droit de cité, les procédés ayant le plus fort taux d'entropie, avec corrélativement le rejet de tout ce qui va dans le sens contraire de celle-ci, vers la néguentropie.

Nous ne serions que de doux rêveurs écolos, si tout ce que nous affirmons présentement n'avait pas été confirmé par des réalisations pratiques en tous domaines, depuis près de cinquante années, dont un grand nombre par nous-mêmes.

Avant d'énumérer quelques applications pratiques, évoquons d'abord quelques références théoriques et appliquées, non contestables :

A tout seigneur, tout honneur, d'abord nos ancêtres les gaulois, qui par réminiscence de catastrophes antérieures, avaient peur que le ciel leur tombe sur la tête (c'est ce que l'école publique française nous a enseigné) et qui nous ont laissé des objets qui prouvent qu'ils connaissaient ce que Georges Lakowski a présenté en 1929, aux Académies, sous l'appellation de « circuits oscillants » ; lesquels sont aussi « principe de notre fonctionnement cellulaire ».

Jean Jaurès, qui dans une thèse universitaire de 1891, se demandait « si le monde que nous voyons, qui nous entoure, est bien réel ? »

Samuel Hahnemann, qui dans la première moitié du 19ème siècle a inventé l'homéopathie, largement confirmée en valeur d'effets depuis.

L'homéopathie, démontrée comme transmission de phénomènes informatifs immatériels par Jacques Benveniste et nous-mêmes, par notre communication à l'Académie des Sciences en date du 1er Décembre 1989.

Ces travaux confortés par la théorie des « hautes dilutions et aspects expérimentaux » publiée par les éditions Polytechnica.

En fait le conflit oppositionnel et monstrueux repose sur l'impuissance scientiste à admettre qu'il puisse exister la vie au-delà des manifestations phénoménales observables matériellement. Horrifiés par le procès d'intention fait à Jacques Benveniste, nous avons démontré que « l'Esprit flottait sur l'Eau « au-delà des neuf dilutions (nombre limitatif d'Avogrado) sectairement admises, puisque nous avons utilisé des granules de série, ayant été chargés uniquement en photons pendant un certain temps d'exposition au soleil et qu'à trente dilutions photographiquement fixées, nous obtenons une image presque parfaite d'harmonie. Cela prouve tout simplement qu'il y a quelque chose dans « RIEN et le VIDE ».

Même si certains chercheurs honnêtes en sont encore à essayer de prouver avec les moyens de la science classique, officiellement admis, quelque chose qui est hors du classique admis, certains autres en sont déjà à obtenir des résultats bien plus élevés, avec des moyens aussi respectables mais détachés de la lourdeur du processus « phénoménal ».

Jean Charron, physicien et philosophe, a émis l'hypothèse que notre esprit en son site particulier, serait « logé » en certaine particule de notre organisme. Cela sous-tend, la cohabitation en nous, de deux mondes parallèles, l'un mortel et l'autre de la dimension de l'infini.

David Bohm de même, a émis l'hypothèse d'une « matrice génératrice énergétique engendrant le monde phénoménal dans lequel nous sommes manifestés. Il est à noter que Bohm a longuement confronté sa réflexion avec la philosophie bouddhiste ; et ce dans une appréhension holistique.

Régis Dutheil a lui aussi conçu la réalité d'un second univers complémentaire et symétrique au nôtre ; lequel ne serait constitué que d'information et de conscience. Corrélativement et en appui, certains chercheurs constatent que des mutations d'ouverture sont entrain de s'amplifier chez certains humains, entraînant une hausse conséquente des fréquences vibratoires. Cela étant opérativement normal, car si vous élevez les seuils au-delà d'une certaine limite – hors du phénoménal – plus aucune atteinte, par état causal ne peut advenir à la corporelle matière.

Etienne Guillé, que nous avons bien connu, et son travail conséquent sur la constitution de l'état cellulaire et les communications inter-mondes.

Rupert Sheldrake, pour qui les croyances des anciens, reposaient sur l'observation de faits qui sont l'expression de champs divers, créateurs de différentes manifestations observées présentement en tous domaines. Il évoque des champs morphiques, banque de données informatives évoluant dans le temps et l'espace.

Fritz Albert Popp, pour qui il y a système fermé et système ouvert, dans lequel, tout apport d'énergie est support de message informatif entraînant des modifications du milieu ; même en l'absence totale de substance matérielle.

Fritjof Capra, Professeur de physique des particules, a médité sur les similitudes entre les lois de la physique et la mystique orientale ; ce qui pour lui faisait « une unicité fondamentale de l'univers ».

Il faut aussi citer Paracelse et Mesmer, expérimentateurs des actions du magnétisme ; magnétisme d'ailleurs objectivé par le Professeur Rocard (l'un des pères de la bombe atomique française).

Wilhelm Reich, créateur de la théorie de l'orgone (énergie cosmique) dont nous avons expérimentalement confirmé la réalité de valeur de ses accumulateurs d'énergie. Cela nous a d'ailleurs permis de mettre en œuvre concrètement la résolution de la quadrature du cercle.

Marcel Violet, qui a démontré la primauté de l'énergie solaire et ce qu'elle contient (?) en tuant instantanément des têtards en les mettant dans de l'eau distillée. Par contre, la même eau exposée un mois au soleil devient un milieu hyper vivant pour les têtards.
Le Docteur B.-M., qui avec la collaboration d'un physicien repère les empreintes traumatiques situées dans les corps énergétiques, hors du corps matériel.

Nous présentons nos excuses sincères, pour quelques autres chercheurs que nous omettons involontairement de citer.

Il est caractéristique également, que les éléments fondamentaux, tel le quartz, maintiennent les éléments vitaux et se prêtent aux échanges d'informations ; ce qui n'est pas le cas, pour les vitales, avec les produits artificiels.

Des expériences menées par Popp en 1973 ou Kaznachejev en 1981, ou encore par nous-mêmes : Espoir Vert, Hommage à la Vie, Projet Autoactif Global de Restauration des Territoires Désertiques : (E/E/S/-A.D.E.R. 1084) en attestent. Cela signifie qu'une seule information en adéquation avec le « milieu émetteur » et le « milieu récepteur », produit un effet, qu'il y ait la présence d'un vecteur matériel ou pas. Exemple d'application : vous empêchez par un masque au lever du soleil, l'évapotranspiration de la rosée sur les sommets et cette rosée, en production permanente nocturne gratuite, au contact de la silice quartz du sable, crée un microclimat local, qui génère naturellement un ancrage du racinaire végétal, qui par zones successives, recouvre le terrain apparemment aride, et fixe également les sols instables.

Ce processus s'inscrit dans le cadre général de la « pulsion de vie » que nous nommons « AMOUR » et qui par l'attirance de deux facteurs différents mais complémentaires, contribuent à perpétuer les formes de la Vie. Mais attention, cela n'est possible que si « la programmation originelle se trouve respectée à tous niveaux et dans tous les sens !

Cet impératif est si vrai, que le quartz utilisé en électronique ne peut être que si à son origine la production est du quartz naturel. Mais cela va encore beaucoup plus loin dans le possible pragmatique, par ce respect de la Loi Naturelle et Originelle, rien qu'en créant cet effet de champ.

Cette appréhension sous-tend une prise en compte de tous les paramètres de réalité, en fonctions croisées ; lesquelles sont au principal au nombre de douze, l'ensemble en faisant treize et toute forme matérialisée ou non, émet en bon ou mauvais, des rayonnements et certains de totalité sur les fréquences maximales.

Cette nouvelle et très ancienne appréhension du monde, n'est plus basée sur l'antagonisme et la lutte égocentrique, mais sur une autorégulation harmonique généralisée et instantanée en cohésion cosmique.

Cette « Loi Unitaire Générale » est née du constat que dans tous les échelons de cette Société, il manquait la prise en compte de toutes les dynamiques de ce que l'on peut appeler « l'énergie spirituelle » ; ce qui n'a rien à voir avec quelque Eglise que ce soit ! Cela est comme un véhicule qui est prévu pour fonctionner avec quatre roues et qui n'en a plus que deux... petit à petit,nous l'avons testé dans tout ce que nous faisions et après constat de sa valabilité et efficacité, nous l'avons donnée en communication au 110ème Congrès des Sociétés Savantes en 1985. Un constat multifactoriel : « toute manifestation a sa cotation en valeur énergétique universelle et sa représentation graphique émettrice spécifique »... UTILISABLE.

Nous pourrions reprendre à notre compte, la formule du Docteur Géorg Cabanis (1757 – 1808) « «L'esprit d'observation doit remplacer l'esprit de système » ; sous la réserve, d'y ajouter « l'esprit d'observation à tous les niveaux de la réalité physique ».

Tout système, quel qu'il soit, a son entropie qui augmente, dans la mesure et en proportion de l'auto rejet négationniste et pathologique de l'un ou de plusieurs de ses composants.

Cela peut s'appliquer quantitativement, comme dans le processus de limitation des populations chez les « Lemming », qui dans une dynamique collective, se suicident par noyade volontaire. (mammifère rongeur des régions boréales). Pour cette espèce, en l'occurrence, manifestation de « liquidation », engendrée pour la survie du groupe.

Cela peut également s'appliquer par une ségrégation qualitative, provoquée par l'insupportabilité par les membres du groupe, à taux vibratoire d'évolution de très bas niveau, à l'égard des autres dont « le rayonnement de fait » leur devient très vite comme quelque chose à supprimer. Le nazisme nous a donné un parfait exemple de cela.

A l'inverse, tout système, quel qu'il soit, a sa néguentropie (auto équilibre) qui s'accroît, dans la mesure où fusionnellement le moindre de ses composants est dynamiquement auto-incorporé en lui-même.

Ces deux principes, en mouvement pendulaire permanent, sont doublés et contrôlés par la programmation morphogénétique holistique ; laquelle exige pour la survie d'un système, une tendance de principe vers un auto-ensemencement de facteurs de vie, contre les facteurs de mort.

Définition étymologique :

ENTROPIE : tendance vers un épuisement des forces de reconstitution, ou extinction de l'animation dans la matière.

NEGUENTROPIE : tendance inverse, allant vers l'harmonie et perpétuant naturellement les formes de la vie en auto-reproduction.

Ces bretons que l'on disait païens avaient pourtant une prière qui ferait pâlir d'envie les anges…

PRIERE COSMIQUE

Que ta Clarté O Incréé, inonde le Monde et Nous-mêmes !

Donnes-nous,O Incréé, Ton Appui ineffable,

Et avec Ton Appui, la Force, la Compréhension,

Et avec la Compréhension, la Science,

Et avec la Science, la Science de ce qui est juste,

Et avec la Science de ce qui est juste, le Pouvoir de l'Aimer,

Et le Pouvoir de l'Aimer et de Regarder le Mal Nécessaire en face,

Et en l'aimant, l'Amour de Toute Chose Vivantes à Toutes les Sphères,

Et en Toute Chose Vivante, l'Amour de Toi INCREE

De l'INCREE et de Toute Bonté,

Et Cela et Ceci en Toute Humilité

Pour l'Application de Tes Lois de Justice et d'Equilibre,

Et qu'il en Soit Fait Suivant Ta Volonté Unique,

Et suivant les Choix de Notre Libre-Arbitre,

Pour Naître et Renaître,

Jusqu'à ce que Nous Soyons Parfaits,

Pour Réintégrer Ton Sein,

Après… Passage par les Autres Plans d'Existence,

Et que Ta Clarté, O Incréé, Inonde le Monde et Nous-mêmes.

Que Cela Soit !!!

« Si les humains voyaient leurs problèmes égotiques dans les multiples formes de ce qui les entoure, les dits problèmes disparaîtraient d'eux-mêmes, dissolus par des intérêts supérieurs. »

D. C. KERBIRIOU

ANNEXE : POUVOIR DE L'ARGENT

Ce qui va suivre représente le travail de Charles Raymondon, un être hors du commun, qui a voué sa vie à l'authenticité, se refusant tout honneur et toute gloire pourtant légitime face à l'énormité de son œuvre. Il fut longtemps le confident et le secrétaire de Raymond Abellio et également mon ami, ce dont je suis très fière. Le regard qu'il porte sur notre société est d'actualité et nous donne l'historique de ce cheminement qui nous a conduit vers le POUVOIR DE L'ARGENT.

AVERTISSEMENT

Ce travail n'est pas encore public. Il n'est offert, sous sa forme première coulée non laminée, qu'à une dizaine de lecteurs d'IPM plus pressés d'en avoir connaissance. Il sera, une fois réécrit pour édition correcte, hors série par rapport aux œuvres-fleuves de Baruch en cours de publication : « LA BIOPOLITIQUE. Information, Commune, Ecologie ». N° 72-X, et « Désigner l'Adversaire : LE POUVOIR DE L'ARGENT. Vieille philosophie et petit traité polémique d'économie politique », n° 153-X

Les lecteurs accoutumés de Baruch, soit dans la presse soit dans ses ouvrages, savent sa manière de composer : toujours expérimentale, à l'occasion de faits importants de l'actualité où il se trouve, d'une manière ou d'une autre, partie prenante ; toujours faisant l'effort extrême de rationalité, recherche de rigueur scientifique et philosophique, répudiant l'obéissance à toute idée reçue.

POLITIQUE EMPIRICORATIONNELLE

On a là, sans doute, moins l'effet d'un tempérament que de ses fonctions sociales : longtemps les disciplines de l'action avec des responsabilités dans des ensembles parfois considérables (par exemple au niveau des 9 actuelles Républiques de l'Afrique occidentale ex-française, pour leur rapide scolarisation, à partir de l'Université de Dakar ; ou pour les affaires sociales et éducatives dans les camps militaires du Sénégal ; ensuite dans le lancement d'un mouvement de jeunesse nouveau et de style révolutionnaire en Catalogne espagnole ; et maintes autres activités en France, Italie , Belgique et au cours d'un bref séjour en Tchécoslovaquie : les vues politiques de Baruch ont l'avantage d'avoir été précisées sur un terrain international) ; mais simultanément les disciplines de la pensée, par fonction permanente d'enseignant (principalement en logique des sciences, psychologie, sociologie et histoire : soit dans les établissements scolaires et Universités, avec un penchant spécial pour les Universités populaires ; soit comme « instituteur du grand public », selon qu'on nomme le journaliste professionnel ; avec dans son cas plusieurs milliers d'articles denses, dans une grande variété de journaux ou revues : de COMBAT, PARIS-PRESSE ou la REVUE DES DEUX MONDES jusqu'à O GLOBO au Brésil, une agence américaine ou une revue munichoise ; et avec aussi un attachement favori pour la presse dite marginale, dont Baruch estime qu'elle tend à occuper en France le quart de la page ; par exemple avec la revue SEXPOL, Sexualité et Politique et déjà ses 20 000 lecteurs).

Ce premier brouillon, d'une rapide SYNTHESE HISTORIQUE, sur la Vie du CORPS SOCIAL DE L'HUMANITE EN MOUVEMENT, même quand il sera réécrit et présenté en chapitres et paragraphes, bien titrés et sous-titrés, ne cessera pas d'être, sous le plume de l'auteur, comme un accident rédactionnel ; avec cette précision, cependant, qu'à son propre avis il n'y a pas de hasard et que ce petit travail d'une centaine de pages, surgi pendant que son rédacteur s'occupait de tout autre chose, pourra se montrer après coup, sans qu'il l'ait voulu en le commençant, une partie tout-à-fait fondamentale de son enseignement.

MUSIQUE DU CORPS SOCIAL, SYMPHONIES ET CACOPHONIES DES NATIONS

C'est au cours d'une recherche mathématique, pour explorer un cas particulier de forme corporelle au bureau d'études de musique du corps (très lié à la recherche anti-cancéreuse), que Baruch a interrompu quelques jours son travail, pour se livrer à cette analyse de la Cancérisation du Corps collectif. En même temps l'affaire des otages de l'Ambassade américaine à Téhéran venait d'éclater, et son métier de journaliste le faisait enquêter auprès d'étudiants iraniens à Paris, pour chercher la signification qu'eux-mêmes lui donnaient (et leurs frères contre-otages dans les prisons américaines, dont on ne parle jamais, peut-être parce qu'ils sont en nombre bien plus grand que les diplomates retenus en Iran, et beaucoup moins bien traités qu'eux.) Mais en même temps aussi, il préparait pour l'édition les ouvrages d'un sexologue juif et d'une sociologue musulmane, donnant le bel exemple de travailler eux-mêmes en commun, sur des problèmes historiques et sociaux de portée internationale essentielle : l'impact sur les formes de la civilisation occidentale, depuis 3000 ans et aujourd'hui, de la sexualité juive, telle que déterminée dans les mœurs par la Bible et le Talmud d'une part ; l'impact historique et actuel au Yémen (plus fort qu'en Arabie elle-même : « la foi est yéménite », disait déjà de son vivant Mahomet), sur la condition de la femme et des enfants, de la sexualité musulmane, selon le Coran et les Hadits du prophète, d'autre part.

De telles sources, pour ce présent petit travail, laissent supposer qu'on se trouve devant une masse d'informations, avec leur essai de synthèse, pour la plupart totalement inédites. En tant que journaliste scientifique, depuis sa participation à partir de 1971 à la fondation du Quotidien du Médecin, puis ses enquêtes en physique nucléaire et sur la recherche des nouvelles formes d'énergie, ensuite ses six ans d'enquête sur la cancérologie ; et depuis beaucoup plus longtemps sa participation à la rédaction des avant-projets de lois de structure économique dans le groupe Loichot et avec des socio-économistes comme Raymond Abellio et Raymond Le Bourre, des bio-économistes comme Henri Laborit, des scientifiques d'esprit preudhonien comme Philippe Kaminski et ses collaborateurs de l'Insee ou du Commissariat au Plan, Baruch s'est de plus en plus orienté vers la cybernétique, soit américaine, soit russe, soit chinoise. Ayant participé à la libération de Léonid Pliouchtch, par son action auprès du corps médical français et l'usage qu'a pu en faire François Mittérrand à Moscou, il est depuis 1975 très axé sur les mathématiques de la biologie, soit du corps individuel, soit du Corps économique. Ses travaux d'informateur, pour le compte de groupes de recherche, tant gaullistes que socialistes ou des mouvements écologistes, l'ont amené à de plus en plus de précisions sur l'architectonie du Vivant, autrement dit les questions de Maçonnerie ancestrale et actuelle, la bisexualité des échanges dans les formes naturelles, idée dominante dans la présente synthèse d'histoire de l'Humanité, est largement inspirée, chez l'auteur, de la redécouverte présente, dans les Instituts de recherche très avancée, comme le MIT de Boston par exemple ou l'Académie des sciences de Pékin, des « connaissances perdues », mais telles que véhiculées jusqu'à nous, dans leur langage à décrypter, par la Kabbale ou le Tao.

FEMININ-MASCULIN

On doit prévenir le lecteur – car c'est dans d'autres publications que Baruch s'en explique et en fournit d'abondantes preuves théoriques – qu'en ce qui concerne la cybernétique chinoise, tout est marqué dans les pages ci-dessous par la nécessité de renverser la sexualisation du Yang et du Yin : contrairement à la tradition taoiste primitive, c'est le Yang que Baruch voit féminin, bien qu'il demeure à ses yeux le premier sexe, et le Yin qu'il estime masculin, second sexe. Evidemment, les notions de « premier » et « second » sexe n'impliquent aucune hiérarchie d'autorité de l'un sur l'autre, ce qui est la Névrose. Elles s'évanouissent au niveau métaphysique et métapsychologique (au sens freudien du terme), où facteur expansif (Yang et facteur informationnel (Yin) (en chinois la Courbe et la Droite, le compas et la règle) sont une seule et même réalité créatrice. Elles s'évanouissent même au niveau temporel, où les deux facteurs agissent <u>simultanément</u> et se manifestent toujours, et dès l'instant de la naissance de toute <u>forme matérialisée</u>, parfaitement copulés et présents l'un dans l'autre. Mais la distinction est indispensable au niveau phénoménologique, de <u>l'ordre logique</u> à suivre, pour se conformer à leur réalité, dans l'étude des <u>apparences sensibles</u> quelles qu'elles soient ; et en <u>histoire des sociétés humaines,</u> comme dans la formation et la croissance d'un corps individuel, <u>l'expansion vitale</u>, invention inattendue, est toujours première, son <u>harmonisation en accords avec</u> <u>l'Environnement</u>, local ou cosmique (harmonisation non sans difficultés, dans les phénomènes où intervient le libre-arbitre humain, avec ses dérèglements), ne vient toujours qu'en second lieu (au sens géométrique du mot ; et non pas en second temps : l'harmonisation commence dès l'origine de la pulsion, même si la forme n'atteint sa perfection qu'après un très long temps ou ne parvient jamais à l'atteindre, et dans ce cas va à sa destruction

L'ORGUE NATUREL

La notion et le terme peut-être les plus anciens, en tous cas les plus importants du langage humain et de la pensée, l'expression sanscrite ORGANE – dont il est question ci-dessous à la page 40, à propos du cancer et de la régulation naturelle de <u>l'orgasme</u> – donnent clairement cet ordre logique à faire, dans la compréhension du jeu des deux facteurs. Il doit s'écrire en deux mots, deux racines de la notion : et la première est bien OR, mieux écrite encore AUR (connotation du sentiment de l'AMOUR), la seconde GANE (connotation du sentiment de la JUSTESSE). C'est le <u>Yang</u> et le <u>Yin</u> dont la perversion de la Psychose ancestrale consiste à dire qu'ils sont le Bien et le Mal, mélangés, mais nécessaires l'un à l'autre pour que l'humanité progresse ! comme si ce qui est <u>mauvais</u> pouvait jamais être autre chose <u>que</u> <u>destructeur</u>…, et comme s'il existait quoi que ce soit de mauvais dans l'Intention cosmique créée… ; affirmation première et essentielle de la Bible, et de toute

Tradition métaphysique saine dans l'Humanité : « Et Dieu vit que tout ce qu'il avait fait était bon » ; le Mal n'est que dans la mauvaise volonté humaine, en ce qui peut concerner le cosmique et le transcosmique ; voir à ce sujet le travail définitif de Maurice Blondel et ses deux ouvrages philosophiques sur « l'Action » - ; le Yang et le Yin sont par nature excellents tous les deux, et ne s'opposent nullement l'un à l'autre, en accord (sexuel) permanent l'un et l'autre, et tout entier présent l'un dans l'autre ; non du tout plus ou moins de l'un et plus ou moins de l'autre, plus ou moins de « mal dans le bien » et de « bien dans le mal », ce qui auto-justifie toutes les conduites perverses et de destruction dans l'Humanité ;et que dire, dès lors, quand la Psychose ancestrale universelle (péché originel) veut identifier le Yin, qu'elle voit comme l'Obscurité, le Désordre et le Mal, à la Féminité ! Cela justifie seulement, pour les femmes à qui la Phallocratie enseigne cela, le droit aux conduites destructrices ; cela serait conforme à leur Identité, filles d'Eve, en hébreu littéralement « la Vie » ? C'est pourquoi, selon Baruch, le même renversement, la même « Métanoia », la même Conversion doit être opérée, si l'Humanité veut survivre, de la perversion ancestrale du Yin et du , en ce qui concerne la perversion kabbalistque de la Tradition adamit » primitive, sur la sexualisation des latéralités humaines, dans l'Arbre des Nombres » ou Arbre de Vie », et les couplages de fonctions psycho-somatiques de l'être humain à ses différents étages, de son schéma corporel harmonieux, le plus parfait «microcosme » connu dans lUnivers ; cette nécessité du retournement pour retrouver la santé socioculturelle dans une Humanité en Déformation, Désinformation, Dégénérescence, Cancérisation sociale accélérée et en voie de suicide de l'espèce, est parfaitement démontrée désormais par les progrès de la biologie sur la question des deux hémisphères cérébraux et de leur jeu différencié et accordé mutuel. En maintenant bien que ce sont la Sagesse et l'Amour qui fonctionnent à la gauche du corps, l'Intelligence et la Justesse qui fonctionnent à sa droite, chez les femmes comme chez les hommes, - et le contraire à l'intérieur du cerveau, en raison du croisement des nerfs, sensitifs et moteurs, à l'entrée dans la bas de la boîte crânienne - , on doit probablement, au niveau des fonctions actives (sexe et cuisses) renverser la régulation numérologique de la Kabbale : c'est probablement la Gloire qui est à gauche et la Puissance qui est à droite ;,(ce que l'on retrouve dans les rites initiatiques kabbalistiques tenus secret, note de l'auteur)

Ce point pourrait avoir une source très anti-biblique, remontant jusqu'au Vème millénaire, et ferait partie de la dégradation de la Connaissance adamique mise en lumière par les découvertes de Jean Rondot sur le terrain, lorsqu'il creusait ses trous dans le Golfe persique, comme géologue de la Compagnie française des pétroles, et qu'il trouvait alors les temples des religions premières et leurs cultures : on peut voir à ce sujet son récent petit ouvrage « L'Epopée des adamites », aux éditions rupture, collection « Le Pourquoi » livre distribué par le Sphynx, . Quoiqu'il en soit de gloire-et- Puissance, au niveau actif, les deux niveaux cognitif et affectif ayant incontestablement, sur l'Arbre de Vie de la Kabbale, leurs termes numériques exacts, le renversement essentiel, pour retrouver la tradition ancestrale maçonniquement déviée, sans doute dès le Vème millénaire aussi, est bien de considérer féminine et première la gauche des formes humaines – et de toute forme matérialisée dans l'Univers, par rapport à l'axe de sa rotation néguentropique – masculine et seconde la Droite, chez la femme comme chez l'homme ; et non l'inverse, comme les travaux les meilleurs sur l'anthropologie de la Kabbale, par exemple ceux de l'excellente psychanalyste hébraïsante Annick de Souzenelle, se croient encore obligés de nous l'enseigner ; mais ce qui vaut du corps humain individuel vaut analogiquement du corps social et de toute son Histoire, de celle de l'Evolution universelle tout entière, selon l'adage hippocratico-socratique, rejoignant l'initiation de Confucius et celle de Pythagore : « connais-toi toi toi-même, et ainsi tu connaîtras l'Univers et les dieux » ; adage à la base de toute notre civilisation occidentale, mais aussi de toutes ses résurrections, dans les moments où elle allait atteindre la Dégradation cancéreuse ; à retrouver d'urgence, par conséquent, dans le Moment présent, où cette Dégradation s'approche du seuil du total Anéantissement.

CASTRATION ANCESTRALE IMPUISSANCE DIEU ARGENT

La clé essentielle d'interprétation de notre Histoire, pour le moins occidentale et proche et moyenne orientale, dont Baruch s'est ici servi, celle des « deux Maçonneries », deux conceptions architectoniques du monde, deux « Weltanschaugen » et socio-cultures dont l'une détermine toutes les erreurs politiques, toutes les erreurs économiques, et tous les drames privés inter-individuels et dans la division intérieure de chacune-chacun des humains, se trouve aux pages 13 à 19b. Cette clé surgit dans le texte après un parcours de quelques « kilomètres » de l'Histoire », ayant observé d'abord son terme en notre siècle, avec la Fausse opposition des deux grandes visions juives , la marxiste et la freudienne, de l'Humanité, leur choc entre Vienne et Berlin dans nos années 30, l'épiphénomène monstrueux de l'hitlérisme en dépendance de ce choc ; puis étant reparti de la très importante mission sexo-écologique de Virgile dans tout l'Empire romain, sur ordre de l'empereur Auguste, et de son influence sur le sentiment, la pensée et l'action de Jésus-Christ : puis ayant rencontré 600 ans après le puissant mouvement islamique : dès lors la clé peut apparaître nettement, être décrite avec trois dents :

1°   D'abord un problème psycho-sexuel, de Culpabilité inconsciente ancestrale, refoulée, faisant dans la pratique Castration (Baruch démontre dans d'autres travaux qu'elle a atteint la Féminité d'abord, par perte de son propre facteur mâle, auto-informationnel, auto- gestionnel, conséquence de la Clitoridectomie totémique des premières religions agraires, au début du néolithique. La Tradition initiatique l'avait dit à Platon : les hommes parfaits sont selon ses archétypes, Fils de Pséidon (Celui qui donne forme à la Mer) et de Clitos. De la Castration naît l'Impuissance inconsciente des femmes et des hommes, sa compensation en volonté de Puissance, Hystérie féminine, Phalloratie qui est l'hystérie mâle. Le renversement pervers susdit du Yin et du Yang, ou de la sexualisation hébraïque des formes humaines, renversement extrêmement influent sur l'Inconscient collectif et les ratées de l'intégration des instincts en tout inconscient individuel, n'auraient surgi, de façon planétaire, qu'au Vème millénaire ; et qu'après une première correction de la Psychose néolithique des Cro-Magnon, par les Adamites postérieurs, surgis eux-mêmes au début de ce millénaire seulement.

LIVRER SES FRERES A L'HOLOCAUSTE

L'affrontement des deux Maçonneries aurait son origine dès avant l'an 4000. Le meurtre du Christ (titre de l'ouvrage testamentaire du juif freudo-marxiste Wilhelm Reich : le premier homme de connaissance, chronologiquement, à avoir fait en lui-même et dans son action, d'influence désormais planétaire et surtout dans le Tiers-Monde, la synthèse des deux visions juives, serait, dans toute l'Histoire humaine, le point focal principal de cet affrontement : la Maçonnerie d'une seule branchette corrompue, dans une seule famille, d'un seul clan, d'une seule tribu juive, la tribu sacerdotale et idéologique, « spirituelle »,contre la Maçonnerie saine de la tribu royale et réaliste, « hylémorphique », avec l'instinct des formes de la matière, et son travail fédératif des 12 tribus et de tous les éléments sains de la 13ème ; (la branchette de la famille : les Cohen ou Cahen, ou Kahn etc…) – loin d'être toute cette famille : les Cohen sont les prêtres juifs, élite de la grande et noble tribu des lévites ; mais les assassins de Jésus-Christ ne sont que la super-élite des super prêtres : la branchette de la famille du Souverain pontificat héréditaire d'Israël, qui se pérennise depuis la Banque des Templiers qu'elle dirige, à Jérusalem, le jour où Jésus-Christ, au cours de la cérémonie de son investiture royale selon le rite de Salomon, la supprime (et il est tué six jours après cet acte fondamental : les grandes choses, en Israël, se font en Six jours, « et le Septième Dieu se reposa »), jusqu'à la Bourse du Dieu-Argent dans le Temple de Wall-Street aujourd'hui, après ses déménagements successifs dans l'Histoire, d'abord chez les pseudo-lombards de l'Empire romain, puis dans l'Empire de Charles-Quint et essentiellement dans les Flandres et à Lille, puis à Londres, puis à Boston… Dès le Vème siècle avant Jésus-Christ, au cours de la grande Déportation à Babylone, autrement terrible que celle d'Hitler quelle qu'ait été la terreur de celle-ci, le prophète Ezéchiel, dont sortira à Laon au XIIème siècle toute la force de la Révolution communale et du véritable socialisme européen, avec le plan sexopolitique d'Abélard-et-Héloïse, savait qu'il fallait donner un territoire en Israël à la 13ème tribu, pour qu'elle revienne à la Réalité terrestre et cosmique ; et que les malades mentaux de son Souverain pontificat perdent leur Volonté de Puissance « spirituelle » et « spéculative » dans tous les sens du mot « Maçonnerie spéculative », mentale et argentaire, contre « Maçonnerie opérative » sensorielle et productive réelle, qui allait être celle de « l'archytektôn », roi de la République fédérée des 13 tribus, Jésus-Christ (nullement charpentier, selon te texte original des Evangiles, mais littéralement appelé « maçon » : Tektôn, le « Constructeur » ; évidemment de la Maison, Oikos en grec est la Grande Maison universelle, celle du Cosmos, et celle, analogique, terrestre et des humains ; Eco en français : Eco-nomie = Régulation de la Maison ; Eco-logie = Science de la Maison…) Mais la « spéculation » naît de l'Incapacité manuelle-e-mentale, puisque l'être humain naturel, « bras-et-cerveau agissants », selon le talmudiste Karl Marx, évidemment toujours les deux capacités en une seule action : il est naturel à l'homme de penser ; la culture est sa nature, pour une action librement assumés ; et l'Incapacité est une Impuissance, dérèglement des instincts de l'Amour, de l'Eros, de la Communication vitale avec la Réalité dans ses Formes naturelles, Formes matérialisées, de l'atome à l'étoile, de la cellule au Cosmos habité ; et spécialement formes matérialisées des êtres humains, tous les autres êtres humains. Est-il très surprenant que l'inventeur actuel de la bombe à neutrons, après avoir travaillé à la fabrication de la bombe atomique qui a anéanti Hiroshima et Nagasaki, mais sans avoir ensuite les scrupules des juifs Einstein et Oppenheimer, sans doute originaires d'une autre des 13 tribus s'appelle Cohen ? (il y a 1 Cohen sur 500 théoriciens de la physique dans le monde, tandis qu'il n'y en a qu'1 sur 25 000 humains, autrement dit, 50 fois plus de Cohen que d'autres humains, pour faire technocratiquement notre « Progrès » atomique). Tous les Cohen n'ont pas cependant sa spéculation, qui donne à l'Amérique et à tous les pays qui pourront la copier l'arme la plus destructive de toute l'Histoire de l'espèce humaine ; même s'ils appartiennent à la tribu dont Jacques Israël, le père des 13 et Moïse ensuite déclare en mourant le complexe d'Œdipe fondamental, briseur de Fratrie : du 3ème fils, qui la fondait, « De son père et de sa mère il a dit : Je n'ai pas vu : « donc » de ses frères il a dit : Je ne les connais pas » mais du 4ème, l'ancêtre de David et de Jésus-Christ : Juda est un lion ; il s'assied, qui le fera lever ? Il est une lionne (bisexualité de toute action normale : yin-yang) il se lève, qui le fera coucher ? le bâton de commandement (phallus) est entre ses jambes, jusqu'à ce que vienne Celui à qui il appartient ; à lui obéiront les peuples… » Première expression, dans le testament de Jacques : Israël, du sentiment d'un Messie personnel à venir, qui saura personnellement comment faire pour sauver de leur Déréliction toutes les nations : 1.750 avant Jésus-Christ, environ ; deux générations avant, en 2.000 environ, Abraham était seulement conscient de ce Destin passant par Isaac le Fils unique de sa première femme, Sarah « en ta postérité seront bénies (collectivement) toutes les nations de la terre…Compte les étoiles si tu peux les compter, et les grains de sable sur les rivages et telle sera ta postérité. Très bête et exactement prophétique, ce symbolisme dont les effets se mesurent depuis 3000 ans au moins ; dans la 3ème tribu, selon Jacques Israël, on avait « tué des hommes et castré des taureaux », et l'on avait, selon Moïse, « livré ses frères à l'holocauste » ; dans toutes les autres, et la plus grande part de cette 3ème elle-même, au contraire, on était solidaire et, avec des vices mais bien moins graves, on travaillait à éclairer de Connaissance cosmique, réchauffer d'Amour-et-Justesse, toutes les nations ; cela groupés autour du chef de la 4ème tribu, celui dont le fondateur Juda, anti-oedipien fondamental, s'était livré en otage aux égyptiens pour faire libérer son frère Benjamin, « afin que les cheveux blancs de mon père ne descendent pas au séjour des morts » : ce père lui-même extraordinairement anti-oedipien, pour cela même d'une puissance vitale et fécondité uniques, Israël en personne, par qui passe toute la Connaissance ancestrale des Adamites, pour l'Egypte et pour toutes les nations ; et qui, en dialogue avec le Pharaon dans les derniers jours de sa vie, s'exprimait ainsi : « Quel est le nombre des années de ta vie, ancêtre ? – Les années de ma vie errante ont été de 120 ans. Elles ont été dures et malheureuses et elles n'ont pas atteint le nombre des années de la vie de mes pères, dans leur vie errante… » L'infécondité au contraire, son impuissance, compensée psycho-sexuellement en volonté de puissance, s'exprime par la volonté oedipienne de rupture de toute tradition et héritage naturel, la volonté de « se faire par soi-même », sans rien devoir dans le temps, à ses père-et-mère ni à personne : »le Progrès » ; et par la volonté oedipienne d'individualisme absolu, briseur de Fratrie, sans respecter dans l'espace aucun frère humain : « la Liberté » ; c'est-à-dire la concurrence forcenée « et que le plus fort gagne », sélection « naturelle » absolument contre nature, le plus fort en godmiché mécanique violent de la »Puissance de l'Argent, pris par plus grande ruse sur les fruits du travail des autres, évidemment. L'affaire n'est pas d'hier ; elle dure depuis sinon 6.000 ans, entre Puissance érotique de Construction et Culpabilité (inconsciente) thanasique de destruction. Volonté punitive des autres pour, à terme, auto-punition de soi ; sado-masochisme prométhéen fondamental, le sadisme n'étant jamais qu'une volonté inconsciente, et la violence qu'un appel à la contre-violence (on peut se référer à ce sujet à l'autre grosse étude de Baruch en psychanalyse collective : EROS ou THANATOS. Préface pour une métapolitique. IPM 1973. Dialectique biologique et Dialectique mécaniste, de Vie et de Mort ; affrontement nétahistorique des deux Maçonneries, des deux Architectonies.

LES FORMES NATURELLES DE LA MATIERE

Mais dès la prise de conscience de l'origine psycho-sexuelle inconsciente ancestrale, on peut se rendre compte des conséquences, qui traversent les siècles, arrivant en notre XXème siècle à un seuil de gravité extême pour toute l'espèce humaine, dans les deux ordres suivants, les deux autres « dents » de la clé d'interpétation de l'Histoire qu'essaye Baruch dans le travail présent :

2° Dans l'ordre non plus de l'Inconscient psycho-sexuel collectif mais du Conscient, plan des socio-cultures, dans la Maçonnerie saine une conception « hylémorphyque » de toute réalité dans l'Univers, et particulièrement de l'être humain ; vision unitaire des formes matérialisées, des esprits de la matière (ou de l'énergie, photonique ou anté-photonique, non encore matérialisée, mais se transportant dans et selon le champ énergétique naturel ;parler d'énergie « libres » est un anthropomorphisme, valable à un niveau d'observation seulement) ;   Morphé de l'Ulé, en grec, Païe du Tchi en chinois ;,il résulte de cette philosophie cosmologique de base un sentiment collectif de l'excellence naturelle de toutes choses, et de la possibilité (avec efforts et le temps qu'il faut pour cela) de la complète compréhension du créé (non du transcendant), puis dépliage de la compréhension dans tous les détails de l'explication , dissout la peur, en exorcisant socio-culturellement, éducativement à « l'école », et dans toute « « l'information » sur la réalité bien « informée », avec son écho dans les cerveaux humains bien informés », le faux sentiment de l'irrationalité du monde et de ce qui s'y produit pour chacune-chacun des humains ; la Folie terrorisante « existentialiste », au contraire, très destructrice de la joie collective et personnelle d'exister, naît de « l'autre Maçonnerie » l'autre Conception du monde : la Conception dualiste de la Matière séparée de l'Esprit et de la fausse « puissance » de l'esprit humain, prétendu destiné, avec sa « liberté » à « maîtriser » technocratiquement le Matière « mauvaise » et la « dominer », au besoin en la détruisant, en atomisant ses formes naturelles, écologiques et dynamiquement harmonieuses. En reprenant la suite de son analyse de l'Histoire jusqu'à nous, après avoir décrit sa clé, Baruch montre les époques où les sociétés ont réussi, par résurgence de la socio-culture hylémorphique, celles où elles sont allées à la catastrophe, par enfoncement dans le dualisme matière-esprit (avec les associations mentales fausses matière-mal, esprit-bien, ce que Baruch appelle la « Maçonnerie des coupables », avec cette particularité que sa super-élite pense le mal naturel et incoercible et donc se l'autorise, mais le juge mauvais pour les foules, qui ne sont pas comme elle « spirituelles » ; et donc à qui il doit être spirituellement interdit en particulier par la répression sexuelle à sens unique et toutes les autres violences, inter-idividuelles, en politique intérieure, en politique extérieure et jusqu'à la guerre internationale et jusqu'au génocide.

3° De la corruption mentale collective par cette socio-culture dualiste naissent logiquement, dans l'ordre historique, la déstructuration (cancérisation) politique, puis la déstructuration (cancérisation : inflation) économique (au sens le plus large, de Règle de la Maison, comme le plus précis du mot, évitement du gaspillage) ; destructuration (dés-information) de tous les rapports, les accords naturels – harmonie, Musique du Corps – des activités humaines dans l'Eco, la Maison commune : « rapports sexuels ; commerce des biens, « commerce » sexuel ; organisation normale des échanges vitaux de capacités et fonctions, différentes et normalement complémentaires, dans l'Humanité ; il y a Dérèglement, Dé-Régulation (bio-cybernétique) des relations, rapports, accords, inter-individuels et entre les collectivités, « corps intermédiaires » ; dérèglement des contrats, du Contrat social, des traités, du « Concert des nations ».

En fait, la Cancérisation sociale, partant bien de la socio-culture, a ses métastases, politiques et économiques, agissant sur elle en cycle et augmentant le dérèglement socio-culturel bien avant qu'elle soit elle-même repérée : d'où l'ouvrage suivant de Baruch, beaucoup plus épais et détaillé que le présent, et s'efforçant de fiare la théorie du CANCER SOCIAL – il sera probablement publié sous ce titre : son diagnostic, global et de détail, en reprenant l'Histoire de l'Humanité depuis l'apparition connue de ses premiers dérèglements cancérigènes, lors de la Révolution agraire voici 10.000 ans (début de l'ère néolithique) ; son pronostic, en traçant sa courbe de croissance, spécialement au cours du dernier millénaire, qui aboutit maintenant, après passage du seuil létal, dans le cône ou « trompette » de la Mort ; et pour ce tracé de la courbe, Baruch reprend, mais en les analysant de façon beaucoup plus détaillée et théorique, les faits signalés de façon rapide dans le présent ouvrage, et quantité d'autres qui n'y sont pas cités ; enfin sa thérapeutique possible, cherchant dans l'Histoire les moments où l'Humanité en a pu découvrir un à un les éléments et où leur mise en œuvre s'est révélée partiellement efficace. Cet ouvrage lui-même sera hors-série, par rapport aux deux séries en cours de publication simultanée : le BIOPOLITIQUE et LE POUVOIR DE L'ARGENT. Il pourra être considéré comme une reprise de leurs données et leur ultime synthèse. Il ne se substituera pas à eux cependant, chaque série complétant l'autre, tellement la profondeur du Problème exige de développements.

CONSIDERATIONS POUR L'USAGE PRATIQUE DE L'OUVRAGE

Le lecteur habitué de Baruch, et spécialement de son EROS OU THANATOS, Préface pour une métapolitique (IPM 1973, édition provisoire avant publication en librairie, comme pratiquement toute la production IPM), ne sera pas surpris du cprocédé cybernétique d'exposition, qu'il va rencontrer dans les pages suivantes : non pas un traitement linéaire et chonologique de l'Histoire, mais à propos de ses principaux faits significatifs, de fréquents circuits d'anticipation : révélant les conséquences à long terme et en notre temps lui-même de ces faits, certains très anciens ; et circuits de retour en arrière : pour discerner dans ces conséquences leurs origines profondes, inaperçues dans les moments où elles s'étaient présentées.

Et le procédé est plus exactement encore bio-cybernétique : l'analyse de l'Histoire se déroule comme l'étude d'un arbre, des racines aux branches, et bouclage fait de l'étude de chacune, avec retour au tronc ; ou l'étude d'un corps humain, depuis ses gènes jusqu'au détail de ses formes, et grâce à l'analogie de leur croissance, la perception finale de lois du corps entier.

Chaque phrase étant dans ce court travail une synthèse, de centaines d'articles ou d'autres travaux antérieurs de l'auteur, les mots soulignés ne le sont pas arbitrairement. Pénibles à certains lecteurs, ils sont avec insistance réclamés par d'autres en particulier ceux qui font usage de telles ou telles pages de leur choix pour une action verbale, cours conférences ou causerie radio : ils ont alors avantage à avoir sous les yeux un texte dense dont les mots soulignés, le protégeant de l'étouffement graphique, en marquent pour un seul coup d'œil toutes les articulations.

UNE CURIOSITE DE BON AUGURE ,

On doit signaler que le nombre 109, pour le pré-découpage de l'ouvrage n'a pas résulté d'un choix volontaire. Touchant cependant aux questions initiatiques, l'auteur n'a pas été fâché de tomber par hasard sur ce nombre, dans une recherche logique des articulations de son travail, faite après coup. Il avait déjà signalé, dans le BIOPOLITIQUE, l'extrême importance de ce nombre en théorie quantique de l'évolution des formes, biologiques et biosociales. La mahématicienne réaliste Héloïse et toute la science médiévale en avaient eu l'intuition, en nommant 108 le « nombre fatidique » : marquant sans doute le passage d'un seuil, dans l'organisation de la résonance d'une forme avec l'Organisation naturelle du Cosmos ; 108 éléments constitutifs d'une forme, et un élément quantitatif de plus, quantum (dans l'extrêmement petit ou l'immensément grand) alors il se passe quelque chose ; bon ou mauvais, d'ailleurs : pour comprendre de quoi il s'agit, là n'est pas d'abord la question ; mais au-delà du « nombre fatidique », l'expérience mathématisée du Réel semble révéler que tous les rapports de la forme sont obligés de changer : autre « esprit de la matière ». Le ha   sard du présent travail, le faisant aboutir de cette manière, n'a bien-sûr que signification d'amusement. Puisse-t-il cependant être l'augure que la forme actuelle, totalement mauvaise de notre Humanité est appelée à devenir très bonne, à bref Délai, désormais…

Le collectif IPM d'enquêtes et de diffusion.

REMERCIEMENTS

Ce Jeu n'a d'autre aspiration que de forcer la main d' un Dieu insaisissable, au nom duquel on perpétue le meilleur et le pire.

Merci à tous ceux que j'ai côtoyés tout au long de ma vie et qui m'ont permis de me rencontrer et de me reconnaître en eux.

M.S

BIBLIOGRAHIE

- Le Jeu des Perles de Verres (H. HESSE)
  - § Edition : Calmann-Levy

- Recueil de poèmes personnel

- Revue SEXPOL (épuisé)

- Le Symbolisme du Corps Humain (A. de SOUZENELLE)
  - § Edition : Dangles

- Le Prophète (K. GIBRAN)
  - § Edition : Casterman

- Derrière la magie (A. CAYROL / J. de ST PAUL)
  - § Edition : Inter Edition

- Documents "Ressources" (A. PIERRARD / A. MOENART)

- Histoire du Juif Errant (J. d'ORMESSON)
  - § Edition : France Loisirs

- Dialogues avec l'Ange (G. MALLACZ)
  - § Edition : Aubier

- La Santé Confisquée (M. et M. BELJANSKI)
  - § Edition : EVY LIBERTY CORP.

- Co-naissance du Qi-Gong (M. SCHWENDEMANN)
° KRYEON (Tomes I à VI)

   Editions ARIANE

° Ce que l a mort m'a confié : J.C. Genel

   Editions 3 monts

° L'homme superlumineux : Pr R. Duttheil/ B. Dutheil

   Editions Sand

° La médecine superlumineuse : Pr R. Dutheil/B. Dutheil

   Edition : Sand

° Le pouvoir de l'argent :

   ° Edition IPM

° Musique du corps social : Charles Reymondon

   ° Edition IPM

° Petits poèmes en prose : C. Beaudelaire

   Edition Gallimard

° Les çacras : M. Coquet

   Editions Dervy livres

° L'Art du Souffle : F. Leboyer

   Edition Albin Michel

° Les racines du mal : J. Choisel
   Edition Source de la Vie

° Danses magiques : J. Cuisinier

° Skelett und Todes Tanz / R. Helm

° Les codes de la danse : R. Mayer

° Femmes inspiratrices et poètes annonciateurs : E. Shure

° La danse grecque : M.Emmanuel

° Danse Moyen âge : C. Ingrassia

° Der Tanz in   alt Egypten : E. Brunner-Traut

° Dancing Gods : L. Lexis

° Danses et legends de la chine ancienne : M. Granet

° Problème de la danse : M. Brillant

° Studien zur analytischen psychologie : C.G. Jung, L. Frey, G.P. Zacharias
   Edition Racher Verlag

Le guide initiatique des Runes : Philippe Auguste, Druide Mercurios.
   ° Edition Montorgueil

° Changez votre futur : L. et J.P. Garnier Malet
   Edition JMG éditions

° Elixirs Minéraux : M. Dogna/M.J. Kraffe
   ° Edition Guy Trédaniel

° Je choisis ta main pour parler / un clavier pour tout dire : A.M. Vexiau
(Desclée de Brouwer)

° Les maîtres secrets du temps : Jacques Bergier
   Edition J'ai lu

° Origines : D. & O. Föllmi
   ° Edition De la Matinière

° Dessin de la couverture : Paxal

Table des Matières

MATIERE A REFLECHIR :

« La médecine conventionnelle ne répond plus aux attentes de ceux qui savent que la santé est une affaire de conscience. Comment trouver, dans la palette immense qu'offrent les courants alternatifs, la thérapie qui puisse nous convenir. C'est ce que l'auteur essaie d'apporter au lecteur, une aide pour trouver l'outil qui conduira le patient vers une cohérence de son être. En mettant à sa portée son expérience de 20 ans de pratique dans le domaine de la vie, il espère ainsi connecter l'être humain à ce qu'il a de plus précieux, sa spiritualité, toute personnelle qui ne répond plus désormais à aucun dogme religieux ».

M.S – 16 Août 2008

Marcelle Buchlin-Schwendemann est Praticien en Santé Holistique, diplômée de l'Institut ISSA et de l'Institut RESSOURCES pour la P.N.L., ainsi que professeur de QI-GONG diplômée de L'INSTITUT EUROPEEN DE QI-GONG

www.ingramcontent.com/pod-product-compliance
Lightning Source LLC
Chambersburg PA
CBHW020708270326
41928CB00005B/332